Hoegg · Schwierige Eltern, schwierige Schüler

*Die Eltern sind das Buch,
in dem die Kinder lesen.
(A. Aurelius)*

Günther Hoegg

Schwierige Eltern, schwierige Schüler

Eine Gebrauchsanweisung

Dr. Günther Hoegg besitzt eine seltene Doppelqualifikation: Er ist nicht nur promovierter Jurist mit dem Schwerpunkt Schulrecht, sondern auch seit über 30 Jahren als Lehrer in der Schule tätig. In zahlreichen Seminaren vermittelt er Lehrkräften die Grundlagen ihres Berufsrechts und gibt praxiserprobte Ratschläge für schwierige Situationen.

Das Werk einschließlich aller seiner Teile ist urheberrechtlich geschützt.
Jede Verwertung ist ohne Zustimmung des Verlags unzulässig.
Das gilt insbesondere für Vervielfältigungen, Übersetzungen, Mikroverfilmungen und die Einspeicherung und Verarbeitung in elektronische Systeme.
Die Beltz Verlagsgruppe behält sich die Nutzung ihrer Inhalte für Text und Data Mining im Sinne von §44b UrhG ausdrücklich vor.

Trotz sorgfältiger inhaltlicher Kontrolle übernehmen wir keine Haftung für die Inhalte externer Links. Für den Inhalt der verlinkten Seiten sind ausschließlich deren Betreiber verantwortlich.

Dieses Buch ist erhältlich als
ISBN 978-3-407-62941-8 (Print)
ISBN 978-3-407-29316-9 (pdf)
ISBN 978-3-407-29319-0 (epub)

© 2015 Beltz Verlagsgruppe GmbH & Co. KG
Werderstraße 10, 69469 Weinheim
service@beltz.de
Alle Rechte vorbehalten

Lektorat: Dr. Erik Zyber
Vignetten: Roland Bühs, Bremen
Umschlaggestaltung: Jonathan Bachmann

Satz und Herstellung: Michael Matl
Druck und Bindung: Beltz Grafische Betriebe, Bad Langensalza
Beltz Grafische Betriebe ist ein klimaneutrales Unternehmen (ID 15985-2104-1001).
Printed in Germany

Weitere Informationen zu unseren Autor:innen und Titeln finden Sie unter:
www.beltz.de

Inhalt

Vorwort   8

Schwierige Eltern

Situationsbeschreibung   14

Der Elternsprechtag   19

Die wichtigsten Elterntypen   22

  Die Offensiven   22
    1. Sie haben mir nicht in die Erziehung reinzuquatschen!   23
    2. Niemand sollte das lesen!   28
    3. Sie sind doch der Erziehungsspezialist!   33
    4. Wollen Sie behaupten, mein Kind lügt?   38
    5. Ich wende mich an die Schulbehörde!   42
    6. Zu Hause macht er das nicht!   48
    7. Was haben Sie gegen mein Kind?   51

  Die Verhandler   56
    1. Vor den Ferien läuft ja doch nichts mehr   57
    2. Das ist doch nicht so schlimm   63
    3. Haben Sie das früher nicht gemacht?   68
    4. Zu Hause konnte sie das   72
    5. Was kann er denn machen, um noch eine Vier zu kriegen?   75
    6. Können Sie nicht mal eine Ausnahme machen?   82

  Die Geschmeidigen   87
    1. Ich glaube, Sie haben da was übersehen   88
    2. Auf dem Brötchen fehlte das Salatblatt   95

3. Er kann nichts dafür, es war unsere Schuld — 101
4. Er hört überhaupt nicht auf mich — 106
5. Sie sind ihr Lieblingslehrer — 111

Zu guter Letzt — 119

Zusammenfassung — 119
Wenn nichts mehr hilft ... — 121

Schwierige Schüler

Allgemeines — 124

Die Untergruppen — 127

Die Informierten — 127
1. Frau Nass! Ich weiß das! — 128
2. Das stimmt doch nicht! — 132
3. Ich bin fertig! — 135
4. Aber ich finde das gut so! — 139

Die Ausredner — 144
1. Mein Drucker war kaputt — 145
2. Mein Rad hatte einen Platten — 149
3. Ich konnte das nicht — 152
4. Das geht nicht! — 155
5. Das war doch nur Spaß! — 158
6. Ich hab mich doch nur gewehrt! — 161

Die Tester — 164
1. Können wir nicht was anderes machen? — 165
2. Ist das jetzt gut so? — 170
3. Bei anderen Lehrern dürfen wird das! — 173
4. Heute ist doch die letzte Stunde vor den Ferien — 176

Die harten Brocken 180
    1. Sie sind unfair! 181
    2. Mit Alexander kann ich nicht arbeiten! 183
    3. Sie haben mir gar nichts zu sagen! 186
    4. Sie haben meine Arbeit verbummelt! 188
    5. Das mach' ich nicht! 191
    6. Sie blödes Arschloch! 193

Zu guter Letzt 196

Zusammenfassung 196
Wenn nichts mehr hilft ... 198

Anhang: Formular für Zuspätkommer 200

Vorwort

Eine empirische Untersuchung über die Zufriedenheit von Lehrern kam zu dem Ergebnis: Lehrkräfte sind mit ihrem Beruf sehr zufrieden. Allerdings, und das ist nicht ganz unwichtig, wurde die Erhebung in den Sommerferien durchgeführt. In der Schulzeit hingegen herrscht die Einstellung: Die Schule könnte so schön sein, wenn nur Schüler und Eltern nicht wären.

Aber das Leben ist leider kein Wunschkonzert – und der schulische Alltag schon gar nicht. Wie man es auch dreht und wendet, man kommt als Lehrkraft um Schüler und deren Eltern einfach nicht herum. Und tatsächlich können einige von ihnen die Freude am Lehrerberuf merklich schmälern. Das ist deshalb so dramatisch, weil die Unzufriedenheit, die durch diese wenigen verursacht wird, in eine grundsätzlich negative Haltung gegenüber Eltern und Schülern umschlagen kann.

Um es einmal (und dann nie wieder) deutlich zu sagen: Sowohl die meisten Schüler als auch ihre Eltern sind kooperativ und unproblematisch. Aber die wenigen, die es nicht sind, führen zu einer enormen Belastung. Vor allem der Umgang mit schwierigen Eltern ist einer der stärksten Belastungsfaktoren für Lehrkräfte. Das liegt daran, dass die Einwirkungsmöglichkeiten auf schwierige Eltern deutlich geringer sind als auf schwierige Schüler. Diese können notfalls über zusätzliche Arbeitsaufträge, soziale Isolierung oder andere disziplinarische Maßnahmen auf den richtigen Weg gebracht werden, bei Eltern ist diese Einflussnahme unmöglich.

Leider stellen die Schüler und ihr problematisches Verhalten immer nur die Spitze des Eisbergs dar, an ihnen zeigen sich lediglich die Symptome. Die wahre Ursache liegt jedoch darunter, und zwar in der mehr oder weniger geglückten Erziehung im Elternhaus. Nicht nur der zeitliche Anteil, den die Schüler zu Hause verbringen, ist größer. Die elterliche Erziehung hat zudem den Vorteil, die erste Prägung vornehmen zu können. In der Zeit bis zum Besuch der Grundschule (bzw. des Kindergartens) werden nämlich die Weichen des sozialen Verhaltens gestellt, in die richtige oder falsche Richtung. Das ist bedauerlich, aber nicht zu ändern. Um es mit einem Bild auszudrücken: Man kann zwar das Barometer ignorieren, aber man ändert dadurch nicht das Wetter. Wenn es also kalt werden könnte, sollte man sich warm anziehen.

Der effektive Umgang mit schwierigen Eltern ist zum Wohle der Schüler notwendig. Denn Maßnahmen, die ausschließlich die Schüler betreffen, können keine grundlegende Verhaltensänderung bewirken, solange im Elternhaus eine deutlich andere Erziehung stattfindet. Wer jedoch schwierige Eltern einigermaßen in den Griff bekommt, kann auch deren Kinder, also seine Schüler, dauerhaft zu einem besseren Verhalten bringen.

Was bietet Ihnen nun dieses Buch – und was nicht? Ich finde es nur fair, Ihnen gleich zu Anfang reinen Wein einzuschenken. So müssen Sie sich nicht durch ein Buch quälen, um schließlich festzustellen, dass es ein Fehlkauf war. Also: Dieses Buch liefert Ihnen keine tolle Theorie, die alles erklärt und (theoretisch) sämtliche Probleme löst. So etwas können nur Pädagogikprofessoren, die seit ihrer Schulzeit nie wieder einen Klassenraum von innen gesehen haben, schon gar nicht von der schwierigen Seite des Lehrertisches aus. Es gibt auch keine 187 Fußnoten, die auf andere Professoren, deren Literatur und die damit verbundenen Denkanstöße verweisen. Falls Sie dies erwarten, werden Sie bitter enttäuscht.

Was bekommen Sie stattdessen? Konkrete Tipps zu schwierigen Situationen des Schulalltags. Dabei ist das Buch kein wildes Sammelsurium von Tipps. Schon bald werden Sie vermutlich bestimmte Grundprinzipien des Handelns erkennen. Aber das wird induktiv geschehen, also vom Kleinen zum Großen, von den konkreten Situationen zu den Hauptstrategien, die den Umgang mit schwierigen Eltern und Schülern erleichtern. Um festzustellen, ob dieses Buch wirklich etwas für Sie ist, könnten Sie beurteilen, welche Aussagen auf Sie zutreffen:

▶ Ich tue alles, damit man mich nicht für ungerecht hält.
▶ Bevor es zu Konfrontationen kommt, gebe ich lieber nach.

- Es trifft mich, wenn man mir sagt, andere Lehrer wären netter als ich.
- Ich drücke aus Mitleid schon mal ein Auge zu.
- Ich finde, man kann sich immer in der Mitte treffen.
- Letztlich sind wir doch Dienstleister für Schüler und Eltern.
- Ich lenke schon mal ein, um meine Ruhe zu haben.
- Man sollte Schüler nicht zwingen, etwas zu tun, was sie nicht wollen.

In einigen Ausbildungsseminaren müssten Sie den meisten Aussagen zustimmen, um nicht als Hardliner zu gelten und intensiv »beraten« zu werden. Hier sieht es anders aus. Falls Sie sich aufraffen können, sogar mehrere Aussagen zu verneinen, sind Sie hier richtig.

Wie nun ist das Buch aufgebaut? In zwei großen Blöcken finden Sie Regeln für den effektiven Umgang mit schwierigen Eltern und schwierigen Schülern. In jedem dieser Teile finden Sie etwa 20 typische Situationen wieder, die in ebenso typische Äußerungen von Eltern oder Schülern münden. Hinter diesen verbirgt sich regelmäßig eine Strategie, die Ihnen ein Zugeständnis entlocken möchte. Das kann eine bessere Note, eine Arbeitserleichterung oder der Wunsch sein, im vorliegenden Fall eine Ausnahme zu machen.

Das Schöne an diesem Buch: Sie müssen es nicht von vorne nach hinten lesen, sondern können mit der Äußerung anfangen, die Sie schon immer gestört hat, und dann weiter kreuz und quer lesen. Schauen Sie sich einfach die Überschriften im Inhaltsverzeichnis an. Als Lehrkraft, die täglich mit Schülern und Eltern zu tun hat, werden Sie sofort erkennen, um welche kritische Situation es jeweils geht.

Da wir es bei Eltern mit Erwachsenen zu tun haben, die ihre Strategien mehrfach erproben und somit verfeinern konnten, sind diese Äußerungen oft so geschickt formuliert, dass man instinktiv geneigt ist, ihnen nachzugeben. Sie wollen ein Beispiel? Na gut. Stellen Sie sich vor, Sie möchten gerne, dass jemand Sie irgendwohin begleitet, aber der Betreffende fragt Sie: »Bist du mir sehr böse, wenn ich nicht mitkomme?« Da haben wir es. Die Frage ist so raffiniert gestellt, dass fast jeder die Ablehnung erst einmal akzeptiert – und sich später vielleicht darüber ärgert.

Die Vorstellung, auf solch geschickt formulierte Äußerungen würde einem spontan eine treffende Entgegnung einfallen, halte ich für naiv. Meist merkt man erst hinterher, in welch argumentative Falle man getappt ist. Und da weder Studium noch Referendariat sich mit der profanen Frage beschäftigen, wie man solche Äußerungen schlagfertig kontert, wird das hier nachgeholt. Dabei enthülle ich nicht nur die zugrunde liegende Absicht, sondern mache auch konkrete Vorschläge, was Sie der Strategie entgegensetzen können, um möglichst viele Optionen zu haben.

Sie wollen eine weitere Kostprobe? Hier kommt sie: Was entgegnen Sie (zehn Sekunden für die Antwort), wenn Sie den Eltern eines Schülers dessen ständige Störungen vorhalten, und die Eltern Ihnen darauf vorhalten: »Bei uns zu Hause macht er das aber nicht!«

Wer eine solche Argumentation nicht mehrfach im Geiste durchgespielt hat, hat im Gespräch die schlechteren Karten, denn er entwickelt ein schlechtes Gewissen, weil er sich als Lehrkraft für unfähig hält. Um dies zu kompensieren, kommt er den Eltern vielleicht entgegen und ärgert sich hinterher, weil er merkt, dass er auf eine raffinierte Formulierung hereingefallen ist. Damit das nicht wieder passiert, könnten Sie gleich auf Seite 48 gehen, wo Sie die Situation und ihre Lösung finden.

Damit die geschilderten Situationen nicht so unpersönlich wirken, bekommen die handelnden Personen jeweils einen Namen. Auf der Lehrerseite, also stellvertretend für Sie, haben wir den sympathischen Kollegen Peter Sielje und seine ebenso sympathische Kollegin Anna Nass. Auf der anderen Seite haben wir als Hauptakteure die Familie Bellmann mit ihren Kindern Jerome und Chantal. Deutlich seltener wirken mit: Frau Hartmann mit Jaqueline und Sascha-Pascal, Vater Engelbrecht mit Sohn Christian sowie Frau Schulte-Overbeck mit ihrem Sohn Alexander.

Zum Schluss des Vorwortes und zur rechtlichen Absicherung sei darauf hingewiesen: Sämtliche Personen und Handlungen sind frei erfunden. Jede Ähnlichkeit mit lebenden Schülern oder Eltern wäre rein zufällig.

Schwierige Eltern

Situationsbeschreibung

Manch angehende Lehrkraft hofft sehnlichst, Studium und Referendariat würden sie auf den Umgang mit schwierigen Schülern und Eltern vorbereiten. Leider muss sie schon ein paar Monate später erkennen, wie trügerisch diese Vorstellung war. In der täglichen Schulpraxis ist vieles eben ganz anders als in der reinen Theorie. Ihr zufolge muss man bei schwierigen Eltern und Schülern nur geduldig zuhören und intensiver kommunizieren – und schon lösen sich alle Probleme wie von selbst. Allerdings ist festzustellen, dass viele, die solche Theorien vertreten, noch nie längere Zeit in einer Brennpunktschule schwierige Schüler unterrichten oder sich mit aufgebrachten, beratungsresistenten Eltern auseinandersetzen mussten.

Ich hingegen kann mich noch gut an die ersten Eltern erinnern, mit denen ich zu tun hatte – und an denen ich kläglich gescheitert bin. Ich war einfach nicht vorbereitet auf das, was mich in der Schule erwartete. Auch später schafften es geschickte Eltern, mir Zugeständnisse zu entlocken, die ich später bedauerte. Vor allem ärgerte ich mich, weil ich für ihr Kind doch nur das Beste wollte und die Eltern, ohne über den eigenen Tellerrand hinauszuschauen, lediglich einen kurzfristigen Vorteil herausholen wollten.

Ich habe Jahre gebraucht, um herauszufinden, wie man mit Eltern reden muss, damit sie wirklich zuhören und kooperieren. Aber auf diesem steinigen Wege entdeckte ich, wie man solche Gespräche und Auseinandersetzungen nicht nur so führt, dass man sie seelisch unbeschadet übersteht, sondern sogar Ergebnisse zum Wohle der Kinder erzielt. Und das motivierte ungemein. Ein positiver Nebeneffekt bestand darin, ganz allgemein zu lernen, wie man mit schwierigen Menschen umgeht.

Und dann, gerade als der Umgang mit den Eltern immer reibungsloser ablief, stellte ich fest, dass die Anzahl der schwierigen Eltern deutlich zunahm. War es früher vielleicht ein Zehntel der Eltern in einer Klasse, die Probleme machten, so wurde es inzwischen ein Viertel. Damit gehörte der ruhige Nachmittag am Schreibtisch, an dem man korrigierte, der Vergangenheit an. Ab 17 Uhr ging es los, und zwar manchmal bis 22 Uhr. Aber wem sage ich das?

Empörte Eltern rufen an, weil sie sich darüber beschweren, wichtige Informationen nicht bekommen zu haben. Und erst wenn der Wutanfall vorüber ist, kann man darauf hinweisen, dass man das Informationsblatt bereits vor einer Woche an alle Schüler verteilt hat, darunter auch an das Kind der betreffenden Eltern. Die angedeutete Vermutung, das Kind habe vielleicht vergessen, das Informationsblatt weiterzureichen, wird natürlich empört zurückgewiesen.

Damit sind wir beim Grundproblem: Die Einstellung der Eltern zu ihren Kindern und zur Schule hat sich grundlegend gewandelt, weil das, was Eltern unter »guter« Erziehung verstehen, sich drastisch geändert hat. Früher glaubten Eltern, gute Erziehung bestehe darin, sein Kind möglichst früh auf die unvermeidlichen Härten des Lebens vorzubereiten. Die Konsequenz war, Kinder nicht übermäßig zu beschützen. Wenn das Kind also in der Schule einen Verstoß begangen hatte, dann musste es eben nachsitzen. Wo war das Problem?

Früher haben die Eltern sich nicht darüber aufgeregt, wenn die Kinder sich in der Schule »gelangweilt« haben. Sie akzeptierten auch »Langeweile« nicht als Begründung für schlechte Noten. Und falls die Kinder sich zu Hause langweilten, dann gab es eben sofort etwas zu tun: Man konnte das Zimmer aufräumen, den Tisch decken, den Müll wegbringen, den Rasen mähen oder das Fahrrad putzen.

Ein Dialogbespiel von früher:
Lehrkraft: Frau Bellmann, ich muss feststellen, dass Jerome häufig meine Anweisungen nicht befolgt.
Mutter: Was? Darum kümmern wir uns. Es wird nicht wieder vorkommen.

Der gleiche Dialog heute:
Lehrkraft: Frau Bellmann, ich muss feststellen, dass Jerome häufig meine Anweisungen nicht befolgt.

Mutter: Tja, er ist halt wie ich eine starke Persönlichkeit. Er mag es überhaupt nicht, wenn man ihm vorschreibt, was er zu tun hat.

Die meisten Eltern glauben heutzutage leider, gute Erziehung zeichne sich dadurch aus, ihr Kind grundsätzlich gegen alles und jeden in Schutz zu nehmen. Sie können (oder wollen) sich einfach nicht vorstellen, dass ihr Kind die Hausaufgaben nicht anfertigt, bei einer Klassenarbeit schummelt oder einen Tisch mit einem Filzschreiber verziert. Manche dieser Eltern sind pädagogisch so lasch, dass ihre Kinder quasi bestimmen, was läuft. Das Wörtchen »nein« wird zur aussterbenden Art, und falls es doch einmal auftaucht, ist es verhandelbar bzw. wird nicht ernst genommen.

Etwa so wie hier:
Mutter: Sascha-Pascal, lass das bitte. Bring mich nicht dazu aufzustehen. Ich meine das ernst. Bring mich nicht dazu, zu dir zu kommen. Bitte lass das endlich. Das ist das letzte Mal. Ich möchte nicht zu dir rüberkommen. Ich meine das wirklich ernst. Das ist jetzt das allerletzte Mal. Bring mich nicht dazu aufzustehen. Lass das!

Falls Sie meinen, die Szene sei frei erfunden, muss ich Sie enttäuschen. Es ist das ziemlich präzise Gedächtnisprotokoll des Monologs einer Mutter in einem Restaurant, deren Kind andere Gäste immer wieder anfasst und dort auf den Tisch greift. Vielleicht kennen Sie solche oder ähnliche Ermahnungen auch aus dem Supermarkt. Sie sind leider Realität.

Allerdings können diese Eltern, so nachgiebig sie sonst sind, ausgesprochen aggressiv werden, wenn es darum geht, ihre Kinder zu verteidigen. Sie weigern sich zu akzeptieren, dass ihre Kinder etwas falsch gemacht haben, selbst wenn das ganz offensichtlich ist. Sie leben in einer Scheinwelt, und die böse Schule ist dabei, sie infrage zu stellen. Weil sie in Bezug auf ihr Kind naiv sind, können sie sich auch nicht vorstellen, dass es sie anlügt. Die früheren Eltern hingegen waren realistisch genug, um zu wissen, dass ihr Kind zu Hause meist eine deutlich geschönte Version der schulischen Ereignisse erzählt – und nicht unbedingt die Wahrheit.

Einige der heutigen Eltern sprechen nur sehr gebrochen oder gar nicht Deutsch. Folglich muss der Schüler, um den es gerade geht, zuweilen als Übersetzer fungieren. Wie korrekt diese Übersetzung in eigener Sache ist, lassen wir einmal dahingestellt. Allerdings gibt es kaum Alternativen. Versuchen Sie mal, vom Schulträger für den Elternsprechtag einen qualifizierten Übersetzer für Albanisch zu bekommen!

Es gibt Eltern, die sich ihre Kinder sehnlichst gewünscht haben und sie deshalb sorgsam behüten, manchmal schon übertrieben. Daneben gibt es andere, die ihre Kinder eigentlich gar nicht wollten und sie vernachlässigen. Erst wenn es »fünf vor zwölf« und das Kind von schweren Maßnahmen bedroht ist, werden sie aktiv. Denn das ist immer noch weniger Arbeit, als sich ständig darum zu kümmern. Es gibt Eltern, die ihr Kleinkind bei IKEA oder in anderen großen Einkaufscentren in der Kinderbetreuung abgeben, aber nicht, weil sie dort einkaufen. Sie wollen einfach ins Kino gehen oder in Ruhe essen.

Vermutlich isst die Familie auch nicht mehr regelmäßig gemeinsam. Die einzige Zeit, in der man (vielleicht) noch zusammensitzt, ist eine hochkarätige Fernsehsendung wie das »Dschungelcamp«. Dann wird ausnahmsweise zusammen das gegessen, was der Pizzaservice geliefert hat. Dabei telefonieren, simsen oder chatten die Familienmitglieder über ihre Smartphones, während gleichzeitig entschieden wird, auf welche weiterführende Schule Jerome oder Chantal gehen soll.

Es ist schon eigenartig: Für fast jeden Beruf und jede Tätigkeit gibt es in Deutschland einen Ausbildungsgang. Selbst wer Fische angeln will, braucht einen Lehrgang, um den Angelschein zu erhalten. Nur für die Erziehung der eigenen Kinder braucht man keinerlei Ausbildung.

Fassen wir zusammen: Auf den ersten Blick machen Eltern höchst eigenartige Dinge: Einige kümmern sich monatelang nicht um ihr Kind, werden aber kurz vor Schuljahresende sehr aktiv. Andere rufen Sie am Sonntagabend an oder wenn Sie gerade Ihren dringend benötigten Mittagsschlaf halten. Kurz, sie haben überhaupt kein Verständnis für die Belastung von Lehrkräften. Trotzdem sind all diese Eltern keine schlechten Menschen, sie sind auch nicht dumm. Sie wollen nur das Beste für ihr Kind (kein Nachsitzen, noch eine Vier, die Versetzung,) – und dafür haben sie bestimmte Strategien.

Der Elternsprechtag

Bevor es im nächsten Kapitel um die schwierigen Einzelfälle geht, sollen hier einige Punkte angesprochen werden, die Ihnen bei Elternsprechtagen eine möglichst gute Ausgangsposition verschaffen. Immer wieder erlebt man, wie Lehrkräfte schlecht oder gar nicht vorbereitet in Elterngespräche gehen. Da sind weder die Klassenarbeitshefte noch die Liste über die mündliche Beteiligung verfügbar. Oder die Lehrkraft weiß nicht, um welches Kind es geht, wenn die Eltern sich mit »Hallo, Bellmann« vorstellen. Schlechter Stil ist es ebenfalls, wenn die Lehrkraft während des Gesprächs gemütlich einen Kaffee trinkt und die Eltern keinen angeboten bekommen. Dass solche Dinge bei kritischen Eltern den Eindruck verstärken, die Lehrkraft würde sich für ihr Kind oder für sie kaum interessieren, ist nachvollziehbar.

Um zu begreifen, was eine durchschnittliche Mutter denkt, schauen wir einmal in ihren Kopf, wenn sie vor dem Raum wartet: »Eigentlich würde ich viel lieber zu Hause sitzen, denn ich bin kaputt von der Arbeit. Ich bin froh, nichts mehr mit der Schule zu tun zu haben, denn einige meiner Lehrer damals waren echt fies. Ich habe so viel zu tun, dass ich zur Schule nur Kontakt aufnehme, wenn es unbedingt sein muss. Aber mein Kind bedeutet mir trotzdem viel. Ich habe mich abgehetzt, um rechtzeitig hierher zu kommen, und jetzt muss ich warten, um mit Ihnen zu reden.

Ich mache mir Sorgen und frage mich: Mögen Sie mein Kind, so wie es ist? Geht es ihm hier gut? Wird es versetzt werden, und zwar mit passablen Noten? Wird es im Leben mehr erreichen als ich? Es gefällt mir nicht, dass *Sie* über die Zukunft meines Kindes entscheiden und nicht ich. Wer sind Sie, dass Sie das dürfen? Sind Sie dafür gut genug ausgebildet? Haben Sie Erfahrung auch bei schwierigen Fällen? Können Sie meinem Kind weiterhelfen? Können Sie mir helfen, wenn ich nicht mehr weiter weiß? Zeigen Sie mir, dass Sie mein Kind kennen, dass Sie sich um mein Kind kümmern. Sagen Sie mir, dass alles gut wird.«

Es ist hilfreich, sich dies vor Elterngesprächen ins Gedächtnis zu rufen. Natürlich wäre die Lehrkraft ebenfalls lieber zu Hause, weil sie vom anstrengenden Vormittag fix und fertig ist. Auch sie muss sich vermutlich abhetzen, um rechtzeitig vor Ort zu sein. Aber hier geht es darum, schwierige Eltern so zu behandeln, dass die Gespräche möglichst reibungslos ablaufen. Und dafür ist es sinnvoll, Schwierigkeiten vorzubeugen. Denn es gilt:

> 10 Minuten Vorbereitung ersparen Ihnen 1 Stunde Ärger.

Machen Sie es also besser als die eingangs erwähnten Kollegen, indem Sie gut vorbereitet in solche kritischen Gespräche gehen und die folgende Checkliste kurz durchgehen:

Checkliste Elternsprechtag / Elterngespräche

- Die Notenliste der betreffenden Klasse liegt bereit.
- Auch die Klassenarbeiten oder praktische Arbeiten (z. B. in Kunst) sind verfügbar, um im Zweifelsfall einen Blick hineinzuwerfen.
- Die Arbeitsblätter, die Sie eingesetzt haben, sind verfügbar,
- ebenso die Materialien für die nächste geplante Unterrichtseinheit.
- Die Sitzplätze sind so vorbereitet, dass Sie mit den Eltern an einem Tisch sitzen und nicht hinter Ihrem Schreibtisch thronen.
- Sie wissen, welches Kind zu welchen Erziehungsberechtigten gehört. Denn das ist der erste positive Eindruck, den Sie für sich verbuchen können. Ausnahmen sind nur zulässig, falls die Eltern Müller, Meier oder Schmidt heißen.
- Sie wissen auch, welches Kind einen anderen Nachnamen als einer der Erziehungsberechtigten hat.
- Sie stehen auf und begrüßen die Eltern mit Handschlag. Das ist persönlicher, als am Tisch sitzen zu bleiben. Sie sagen: »Ach, Sie

sind die Eltern von Chantal bzw. Jerome. Schön, dass Sie kommen konnten.«

▸ Sie haben den Erlass zur Hand, in dem geregelt ist, wie viel Hausaufgaben aufgegeben werden dürfen. Falls die Eltern Ihnen den präsentieren, ist das die deutlich schlechtere Variante.

▸ Sie halten die Schulordnung parat, um auf geltende Regeln hinzuweisen. Denn nicht Sie haben sich diese ausgedacht, sondern sie wurden von der Schulgemeinschaft demokratisch beschlossen.

▸ Denken Sie voraus: Bei welchen Eltern könnte es Schwierigkeiten geben? Die Unterlagen dieser Schüler sollten Sie schnell griffbereit haben. Das stärkt Ihre Position und zeigt, wie gut Sie vorbereitet und informiert sind.

▸ Stellen Sie eine Schale mit Gummibärchen o. Ä. auf den Tisch. Das kostet Sie zwar einen Euro, wirkt aber Wunder, weil es zeigt, was für ein netter Mensch Sie sind.

▸ Eltern wollen häufig mit Ihnen verhandeln. Das ist ihr gutes Recht. Aber nicht alles ist verhandelbar. Legen Sie vorher für sich fest, wovon Sie nicht abweichen werden.

▸ Hören Sie unmittelbar vor den Elterngesprächen Musik, die Sie seelisch aufbaut. Machen Sie sich klar: Sie sind der Profi, was die Erziehung von Kindern angeht. Die Eltern sind Laien, die emotional an die Sache herangehen.

▸ Machen Sie sich klar: Auch schwierige Eltern gehören zum Lehrerberuf. Aber es ist nicht Ihre Schuld, wenn diese Eltern unangenehm sind. Sie sind nämlich allen Menschen gegenüber unangenehm. Sie waren es schon früher und werden es auch weiterhin sein. Es hat nichts mit Ihnen oder Ihrem Unterricht zu tun.

Die wichtigsten Elterntypen

Die Offensiven

Diese Eltern haben in ihrem Leben die Erfahrung gemacht: Man kann oft sein Ziel erreichen, wenn man böse wird oder droht. Schließlich wollen die meisten Menschen keinen Ärger, keinen Stress, und sind durchaus bereit einzulenken, wenn sich dafür im Gegenzug das Unangenehme vermeiden lässt. Offensive Eltern beeindruckt überhaupt nicht, dass Sie etliche Semester lang nicht nur Ihre Fächer, sondern auch Pädagogik und Psychologie studiert haben. Alles, was sie interessiert, ist, einen Vorteil für ihr Kind herauszuholen, und zwar hier und jetzt. Das ist nicht schön, aber es hilft nichts. Auch mit solchen Eltern und ihrer Vorgehensweise müssen Sie zurechtkommen. Schauen wir uns an, wie das gehen kann.

Sie haben mir nicht in die Erziehung reinzuquatschen!

Die Situation

Es ist September. Das neue Schuljahr läuft bereits seit einigen Wochen und unser junger Kollege Peter Sielje wird von Jeromes Vater zu einem Gespräch aufgefordert. Zwar erscheinen meist die Mütter, um Gespräche mit den Lehrkräften zu führen, aber wenn eine harte Linie gefahren werden soll, lassen die Väter oder Ersatzväter es sich nicht nehmen, für die Familie zu kämpfen. Das ist eine Frage der Ehre. Schon der Auftritt des Vaters macht deutlich, in welche Richtung das Ganze gehen soll: Einschüchterung und Konfrontation. Schwungvoll wird die Tür geöffnet und Jeromes Vater erscheint: Groß, kräftig gebaut, etwa 35 Jahre alt. Die linke Halsseite ist tätowiert, im rechten Ohrläppchen ein Ohrring. Dynamisch wird die Tür wieder geschlossen. Zwar wird sie nicht ins Schloss geknallt, aber das Schließen ist unüberhörbar. Die Miene des Vaters ist ernst bis unfreundlich, denn dem Kollegen soll von Anfang an klargemacht werden, dass das folgende Gespräch kein Zuckerschlecken wird. Es könnte vielleicht so ablaufen:

Vater: Warum haben Sie meinen Jungen von der Schule ausgeschlossen?
Lehrkraft: Wir haben Jerome nach Hause geschickt, weil er einen anderen Schüler geschlagen hat.
Vater: Ich sage all meinen Kindern: Wenn euch jemand schlägt, dann schlagt zurück.
Lehrkraft: Das können Sie den Kindern doch nicht ernsthaft raten!
Vater: Sie haben mir in die Erziehung meiner Kinder gar nicht reinzuquatschen!
Lehrkraft: Das wollen wir doch mal sehen!

Oder kennen Sie das?

Lehrkraft: Jerome soll am Freitag zur Nacharbeitszeit, um seine Versäumnisse aufzuarbeiten.
Vater: Er wird nicht kommen.
Lehrkraft: Dann riskiert er, das Jahr nicht zu schaffen.
Vater: Sie wollen ihn durchfallen lassen?
Lehrkraft: Ich gebe ihm die Chance, seine Lücken zu schließen.
Vater: Das schafft er auch ohne Nachsitzen.
Lehrkraft: Das glaube ich nicht.
Vater: Wir lassen uns von Ihnen nichts vorschreiben.
Lehrkraft: Das wollen wir doch mal sehen!

Obwohl die letzten Äußerungen des Vaters recht dreist und sachlich einfach falsch sind, zeichnen sich auch die strammen Entgegnungen der Lehrkraft nicht gerade durch großes Geschick aus. Wie man besser kontern könnte, folgt gleich.

Die Absicht

Diese Eltern sind zu beneiden, denn sie haben eine klare, einfache Vorstellung von der Welt: Auf der einen Seite stehen sie mit ihren Kindern, auf der anderen Seite steht der Staat mit seiner Schule. Und diese muss endlich begreifen, dass sie ein reiner Dienstleistungsbetrieb ist, der den Kindern den gewünschten Abschluss zu verschaffen hat. Falls es dabei Schwierigkeiten gibt, liegt das allein an der Schule, nicht aber an den eigenen Kindern und schon gar nicht am Elternhaus.

Wie begreifen solche Eltern die Lehrkräfte? Sie sehen vor allem die zwölf Wochen Ferien, die diese haben, und vergleichen sie neidisch mit ihren sechs Wochen Urlaub. Hinzu kommen (je nach Schule) freie Nachmittage, eine ordentliche Bezahlung und eine in heutigen Zeiten sehr wertvolle Unkündbarkeit. Selbst Lehrkräfte, die ihre Arbeit nicht sorgfältig machen – und die soll es ja geben –, bekommen ihr volles Gehalt und werden nicht gekündigt.

Hingegen kann es einem Angestellten durchaus passieren, entlassen zu werden, weil seine Firma schließen muss, selbst wenn er immer korrekt gearbeitet hat. Dies sollte man im Hinterkopf haben, um zu begreifen, warum viele Eltern den Lehrkräften so kritisch gegenüberstehen. Dass diese Sicht nicht der Wahrheit entspricht, ändert leider nichts an ihrer Existenz. Ebenso ist es mit der Annahme, es müsse an der Schule liegen, sobald der Bildungsgang von Jerome nicht mehr reibungslos verläuft.

Allerdings haben die Eltern schon die unangenehme Erfahrung gemacht, dass die Schule anderer Ansicht ist. Ständig versucht sie, Jeromes Verhalten zu korrigieren. Und nicht nur das. Selbst in den häuslichen Bereich mischt sie sich ein, indem sie Vorschläge macht, wie die Freizeit sinnvoll zu gestalten ist oder wie lange Kinder abends vorm Computer sitzen sollten. Deshalb muss den Lehrkräften immer wieder deutlich gemacht werden, sich aus der Erziehung der Kinder herauszuhalten.

Wer hat nun Recht? Die Schule! Es tut mir leid, ein wenig ins Juristische abzuschweifen, aber es muss sein. In einem zentralen Urteil zum Schulrecht (Sexualkundeurteil, BVerfGE 47,46) hatte das Bundesverfassungsgericht sich mit Eltern auseinanderzusetzen, die alleine die Erziehung ihrer Kinder bestimmen wollten und dies durch alle Instanzen durchfochten. Allerdings ohne Erfolg. Denn das BVerfG als oberste und letzte Instanz stellte fest:

> **Das Erziehungsrecht von Schule und Elternhaus ist gleichberechtigt.**
> **Daraus folgt: Sie dürfen erziehend tätig werden, sobald ein Verhalten die Klassengemeinschaft stört.**

Dadurch wird zweierlei klar. Erstens: Die Schule hat nicht nur den Auftrag, zu unterrichten, sondern sie hat auch das Recht, zu *erziehen*. Und dieses Recht ist kein Stückchen weniger wert als das Elternrecht. Zweitens: Wer darf nun wann erziehen? Das ist im Prinzip recht einfach: Die Eltern sind für die Erziehung im Elternhaus zuständig und die Schule für die gemeinschaftliche Erziehung im Klassenverband. Im Sinne einer Kooperation zwischen Schule und

Elternhaus ist die Schule zwar gehalten, die Eltern über Erziehungsmaßnahmen zu informieren. Aber, und hier gibt es häufig Missverständnisse, die Entscheidungen der Schule *sind nicht zustimmungsbedürftig*. Es wäre zwar aus Sicht der Schule wünschenswert, wenn die Eltern der Nacharbeitszeit am Freitag zustimmen würden, aber notwendig ist es nicht.

Es ist nicht empfehlenswert, den Eltern dies so hart zu sagen, wie ich es eben getan habe, weil die Berufung auf juristische Vorgaben leicht unpädagogisch wirkt und nur das letzte Mittel sein sollte. Besser sind die »weichen« Varianten, weil sie (im günstigsten Fall) Einsicht bei den Eltern erzeugen.

Die Gegenreaktion

Zunächst einmal darf man sich nicht durch das Auftreten des Vaters einschüchtern lassen. Und je aufgeregter die Eltern sind, desto ruhiger sollten Sie bleiben. Das ist natürlich hier leichter geschrieben, als in der konkreten Situation getan. Aber falls es hart auf hart kommt, sitzen Sie Jeromes Vater nicht alleine gegenüber, schließlich sind Sie ein Teil des staatlichen Schulsystems. Hinter Ihnen stehen die Schulordnung, die Verordnungen und Erlasse und hoffentlich auch die Schulleitung. Dies ist Ihr Sicherheitsnetz, das Sie im Zweifelsfall auffängt. Aber vielleicht brauchen Sie dieses Netz ja gar nicht. Erfahrungsgemäß wirkt es, dem Vater klarzumachen, dass Jerome am besten durch die Schule kommt, wenn Schule und Elternhaus an einem Strang ziehen. Hierfür muss jedoch die Haltung des Vaters gegenüber der Schule aufgebrochen werden.

Lehrkraft: Jerome soll am Freitag zur Nacharbeitszeit, um seine Versäumnisse aufzuarbeiten.
Vater: Er wird nicht kommen.
Lehrkraft: Dann riskiert er, das Jahr nicht zu schaffen.
Vater: Sie wollen ihn durchfallen lassen?
Lehrkraft: Ich gebe ihm die Chance, seine Lücken zu schließen.
Vater: Das schafft er auch ohne Nachsitzen.

Lehrkraft: Das glaube ich nicht.
Vater: Wir lassen uns von Ihnen nichts vorschreiben.

Wie kommt man nun an diesem Punkt weiter? Mit Sicherheit nicht durch den Hinweis, dass die Schule in Bezug auf das Kind weisungsbefugt ist. Denn das käme einer Herausforderung zum Zweikampf gleich und sollte die allerletzte Möglichkeit bei beratungsresistenten Eltern bleiben. Da Sie wissen, dass Sie im Recht sind, fällt es leichter, die Ignoranz des Vaters zu überhören. Also machen Sie unbeeindruckt weiter:

Lehrkraft: Falls Jerome am Freitag nicht erscheint, muss ich leider daraus schließen, dass er kein Interesse hat, seine Lücken zu schließen. Ich möchte nur ungern eine Klassenkonferenz einberufen, weil er sich einer schulischen Anordnung widersetzt.
    Aber auf Sie hört er doch. Könnten Sie nicht Ihren Einfluss geltend machen und Jerome dazu bringen, dass er erscheint?
Vater: Na gut, ich werde mal mit ihm reden.

Schauen wir uns die bunte Mischung unter der sprachlichen Lupe einmal genauer an: Die Gegenreaktion beginnt bereits mit Ihrem ersten Wort, nämlich »falls« – und nicht »wenn«. Das temporale »wenn« nimmt unausgesprochen an, der Schüler würde nicht erscheinen, das konditionale »falls« lässt hingegen die Möglichkeit des Erscheinens bewusst offen. Natürlich betreibt der Vater keine haarspaltende Sprachanalyse, wie wir es hier machen, aber unbewusst registriert er den Unterschied.
    Das Folgende (Klassenkonferenz) ist eine Drohung, denn solch ungehobelten Vätern muss gezeigt werden, wer letztlich am längeren Hebel sitzt. Vermutlich würde Jeromes Vater nie zu seinem Arzt in einem solchen Ton reden. Warum macht er es beim sympathischen Kollegen Sielje? Weil er ihn nicht als ebenbürtig ansieht, sondern als öffentlichen Dienstleister. Deshalb ist es wichtig, als gleichberechtigt aufzutreten und zu zeigen, dass man auch härtere Maßnahmen im Angebot hat.
    Allerdings werden die unangenehmen Möglichkeiten seidenweich verpackt, um den offenen Zweikampf zu vermeiden. Es sind

die Zwischentöne, die einerseits die Botschaft übermitteln, andererseits aber keine Angriffsfläche bieten: »Ich *muss leider* davon ausgehen, dass Jerome die Lücken nicht schließen will« und »*Ich möchte eigentlich keine* Klassenkonferenz einberufen, aber falls Jerome nicht erscheint…« Selbst schlicht strukturierte Eltern verstehen, was Sie mit solchen Andeutungen sagen wollen.

Um keinen bitteren Nachgeschmack des Gesprächs zu hinterlassen, folgt zum Schluss das Angebot zur Kooperation. Schmeichelnd wird unterstellt, der Vater habe einen großen Einfluss auf das Verhalten seines Kindes. Wer will das verneinen und sich damit als unfähig darstellen? Auf diese Weise kann der Vater sein Gesicht wahren, denn der Sohn kommt ja nun nicht mehr auf Druck der Lehrkraft, sondern weil der Vater es ihm nahegelegt hat. Dass die Wirklichkeit etwas anders ist, können wir als Profis getrost verschmerzen. Entscheidend ist, dass Jerome am Freitag zur von uns angesetzten Nacharbeitszeit erscheint.

 Niemand sollte das lesen!

Die Situation

Eigentlich ist es ein schöner Oktobertag. Die Blätter haben sich rotgelb verfärbt und fallen schaukelnd von den Bäumen. Die warme Herbstsonne scheint durch das verstaubte Fenster in den Klassenraum der 8a. Während die Putzfrauen draußen bereits die Flure wischen, sitzt die Kollegin Anna Nass, unsere zweite Hauptperson, an ihrem Lehrertisch. Dort wartet sie auf Herrn Engelbrecht, Christians Vater, der dringend um ein Gespräch gebeten hat.

Ich weiß, es ist ungewöhnlich, schon wieder einen Vater auftauchen zu lassen, aber es ist nicht zu ändern. Allerdings ist dieser Vater ein ganz anderer als der aus der vorigen Situation. Herr Engelbrecht ist schlank und eher unauffällig bzw. konservativ gekleidet. Sowohl seine Hose als auch Hemd und Jackett sind in gedeckten Farben gehalten. Dazu trägt er eine randlose Brille. Die Haare sind kurz geschnitten, korrekt gescheitelt und mit einem nassen Kamm geglättet. Nachdem er die Kollegin freundlich begrüßt hat, beginnt er, mit mildem Lächeln sein Anliegen vorzutragen:

Vater: Wir finden, das Buch, das Sie demnächst lesen wollen, ist nichts für Kinder.
Lehrkraft: Wieso denn das? »Krabat« ist doch ein spannendes Jugendbuch.
Vater: Na ja, da kann man geteilter Ansicht sein. Schließlich geht es um Zauberei und Hexenwerk. Und wir finden es falsch, Kindern den Eindruck zu vermitteln, so etwas gäbe es tatsächlich.
Lehrkraft: Aber das Buch ist vom Lehrplan her zugelassen und wird als Jugendbuch sogar empfohlen.
Vater: Sicher gibt es noch andere Bücher, die für die Entwicklung von Kindern förderlicher sind. Das meinen auch die anderen Eltern.

Zeitsprung. Ein paar Tage später:

Vater: Wir haben gehört, dass Sie sich jetzt mit den Kindern sogar den Film »Krabat« ansehen wollen.
Lehrkraft: Das ist richtig. Erst haben wir das Buch gelesen und besprochen, und jetzt wollen wir uns anschauen, wie das Buch als Film umgesetzt wird.
Vater: Sie wissen ja, dass die meisten Eltern schon erhebliche Bedenken gegen die Lektüre hatten. Aber im Film werden Zauberei und Hexenwerk so realistisch umgesetzt, dass die seelische Gefährdung für die Kinder noch größer ist.
Lehrkraft: Dann nimmt Christian eben am Filmbesuch nicht teil.
Vater: Wir möchten aber, dass kein Schüler diesen Film sieht, in dem Aberglaube verherrlicht wird.
Lehrkraft: Na gut, dann schauen wir uns den Film nicht an.

Sind Sie einverstanden mit der entgegenkommenden Entscheidung der Lehrkraft? Hoffentlich nicht.

Die Absicht

Diese Eltern haben sich auf die Fahne geschrieben, für eine bessere Welt zu kämpfen, wogegen eigentlich nichts zu sagen ist. Denn wer möchte nicht in einer besseren Welt leben? Zudem sind solche Eltern im ersten Anlauf sehr freundlich und ausgesprochen gerne bereit, ihre Beweggründe ausführlich zu erläutern. Bei ihrem Wunsch, eine bessere Welt zu erreichen, gibt es zwei Stufen der Intensität: Auf der ersten soll nur ihr *eigenes* Kind, auf der zweiten sollen *alle* Kinder der Klasse von Inhalten verschont bleiben, die als schädlich eingestuft werden. Diese Taktik wenden sie an, damit die vermeintlich schädlichen Inhalte generell eingedämmt werden und das eigene Kind in der Klasse nicht als Außenseiter dasteht.

Die Argumentation ist in der Regel moralisch, oft religiös angelegt. Es geht um das seelische Wohl des Kindes, das durch banale, verweltliche Inhalte in der Schule gefährdet scheint. Dadurch wird, wie im vorigen Beispiel, der Schule ein eigenständiges Erziehungsrecht abgesprochen, allerdings nur partiell und weltanschaulich begründet.

Um die Lehrkräfte oder die Schule dazu zu bewegen, auf die missbilligten Inhalte zu verzichten, sprechen solche Eltern häufig nicht nur im eigenen Namen. Stattdessen tun sie so, als wären alle oder als wäre zumindest ein großer Teil der Eltern gegen die Lektüre des Buches bzw. den Besuch des Filmes. Deswegen tauchen beiläufig Formulierungen wie »Das finden auch die anderen Eltern« oder »Die meisten Eltern haben da Bedenken« auf. Bei Nachfragen, wer denn noch Bedenken habe, folgt häufig der Satz: »Die möchten nicht genannt werden, die haben Angst.« Die Lehrkraft soll dadurch den Eindruck bekommen, sie habe es mit besonders couragierten Sprechern der Elternschaft zu tun.

Genau das ist aber in der Regel nicht der Fall. Schließlich ist den meisten Eltern ziemlich egal, welche Lektüre in der Schule gelesen wird. Sie verlassen sich (zu Recht) darauf, dass die Lehrkräfte sich an die Vorgaben des Kultusministeriums halten und nichts lesen lassen, was nicht altersgemäß ist. Natürlich gibt es Eltern, die das Recht haben, für die gesamte Elternschaft zu sprechen, aber das sind die demokratisch gewählten Elternvertreter – und sonst keiner.

Fragen Sie genau nach, für wen diese besorgten Eltern sprechen (dürfen).

Das bedeutet nicht, sich Bedenken einzelner Eltern nicht anzuhören. Aber diese Eltern sprechen dann einzig und allein für ihr Kind. Man sollte sich also nicht bluffen lassen, nur weil ein Elternpaar oder ein Vater behauptet, für eine große Gruppe nicht genannter Eltern zu sprechen.

Auch hier ein kleiner juristischer Einschub zu der Frage, wovon man Kinder aus religiösen Gründen befreien lassen kann (Krabat-Urteil des BVerwG vom Sept. 2013): Ein Anspruch auf Befreiung besteht nicht, sofern es sich um *reguläre Inhalte* handelt, die durch den Lehrplan gedeckt sind. Anders sieht es aus bei fakultativen Veranstaltungen wie dem Besuch des Weihnachtsgottesdienstes. Aber nun wieder zurück zur Situation der Kollegin Nass und möglichen Entgegnungen.

Die Gegenreaktion

Sie sind über 18 und leben in einem freien Land, können also tun und lassen, was Sie wollen. Falls Sie den Besuch des Filmes für entbehrlich halten, können Sie natürlich wegen Christian bzw. seiner Eltern ganz darauf verzichten. Allerdings würde das Christians Popularität in der Klasse sicher nicht erhöhen. Sie können auch nur ihn vom Filmbesuch freistellen. Aber warum eigentlich? Wenn Sie nicht nur zur Belustigung ins Kino gehen, sondern weil Sie die filmische Umsetzung eines Buches für erkenntnissteigernd halten, dann sollte Christian ebenfalls daran teilnehmen.

Ich höre schon Ihre kritische Frage: Und was, wenn Christian »zufällig« am Tag des Filmbesuchs »krank« ist? Dann ist das so. Aber dann haben Sie ihm nicht durch Ihre Entscheidung einen verpflichtenden Inhalt erlassen, sondern es waren die Eltern, die sich gegen die Schule gestellt haben und durch sein gezieltes Fehlen die Schulpflicht unterlaufen. Wie könnte nun ein alternatives Gespräch ablaufen?

Vater: Wir haben gehört, dass Sie sich jetzt mit den Kindern sogar den Film »Krabat« ansehen wollen.
Lehrkraft: Das ist richtig. Erst haben wir das Buch gelesen und besprochen, und jetzt wollen wir uns anschauen, wie das Buch als Film umgesetzt wird.
Vater: Sie wissen ja, dass die meisten Eltern schon erhebliche Bedenken gegen die Lektüre hatten. Aber im Film werden Zauberei und Hexenwerk so realistisch umgesetzt, dass die Gefährdung für die Kinder noch größer ist.
Lehrkraft: Der Filmbesuch gehört zum regulären Unterricht und ist damit für alle Schüler verpflichtend. Es geht darum, wie eine Literaturvorlage als Film umgesetzt wird.
Vater: Dann werden wir eine Befreiung bei der Schulleitung beantragen.
Lehrkraft: Das bleibt Ihnen unbenommen. Sie könnten Christian allerdings auch zu Hause auf den Film vorbereiten oder ihm hinterher erklären, dass Hexenwerk gefährlichen Aberglauben darstellt. Aber der Besuch ist Teil des verpflichtenden Unterrichts.
Vater: Wir überlegen uns, wie wir uns entscheiden.

Um es deutlich zu sagen: Sie können Christian kaum zwingen, sich den Film anzuschauen. Denn vielleicht ist er am Tag des Filmbesuchs »krank« oder verschließt während des Films seine Augen und Ohren. Aber darum geht es nicht. Es geht alleine darum, welche Haltung die Schule bzw. ihre Lehrkräfte gegenüber schwierigen Eltern einnehmen. Gibt man einfach nach, weil es am bequemsten ist, oder hält man an dem fest, was man für sinnvoll hält? Das ist Ihre Entscheidung.

③ Sie sind doch der Erziehungsspezialist!

Die Situation

Das Wetter wird schlechter, denn es ist November. Der Regen wird vom Wind gegen die Scheiben gedrückt und läuft in breiten Bahnen an ihnen herunter. Auf der Straße vor der Schule eilen die letzten Schüler, mit dem Rucksack über dem Kopf, zur Bushaltestelle. Im Besprechungsraum der Schule empfängt der Kollege Sielje die Mutter von Jerome. Da auch sie vom Parkplatz durch den Regen zur Schule laufen muss, sind ihre blondierten Haare und ihre Pumps sichtbar nass. Aber nicht nur deshalb ist sie ungehalten. Es passt ihr auch nicht, jetzt in ihrer Mittagspause das Fitnessstudio verlassen zu müssen, in dem sie arbeitet. Aber was soll's. Der Lehrer Sielje meint, es sei wichtig, und fängt ohne Umschweife an:

Lehrkraft: Frau Bellmann, ich muss feststellen, dass Jerome häufig seine Hausaufgaben nicht macht.
Mutter: Wenn Sie ihn nicht dazu bringen können, wie soll ich es dann schaffen?

Das war angenehm kurz, aber nicht sehr erfolgreich, was auch daran liegt, dass der Kollege sich die Begrüßung gespart hat und gleich zur Sache gekommen ist. Genauso unvermittelt hat die Mutter darauf geantwortet. Schauen wir uns jetzt eine andere, etwas längere Variante an:

Lehrkraft: Guten Tag, Frau Bellmann. Schön, dass Sie kommen konnten.
Mutter: Ich hoffe, das geht schnell hier.
Lehrkraft: Ich tue mein Bestes. Aber wir müssen über Jeromes Verhalten in seiner Klasse reden.
Mutter: -
Lehrkraft: Ständig stört er Mitschüler oder nimmt ihnen etwas weg.
Mutter: Das kann ich mir nicht vorstellen.

Lehrkraft: Gestern hat er im Unterricht immer wieder eigenartige grunzende Geräusche gemacht und so gestört.
Mutter: Wissen Sie, ich habe Wichtigeres zu tun, als mich um solchen Kleinkram zu kümmern. Ein guter Lehrer würde solche Probleme nicht haben.

Das ist schon etwas besser, aber die Argumentation der Mutter hat sich grundsätzlich nicht verändert. Sie wollen noch ein Beispiel? Na gut, hier kommt es:

Mutter: Was muss Jerome denn tun, um eine bessere Note zu bekommen?
Lehrkraft: Er müsste regelmäßig seine Hausaufgaben machen und für die Arbeiten lernen.
Mutter: Dann bringen Sie ihn doch dazu.
Lehrkraft: Das versuche ich schon, aber er muss auch etwas dafür tun.
Mutter: Sie sind doch die Lehrkraft! Es ist Ihr Job, dafür zu sorgen, dass die Kinder lernen.

Ich weiß, Ihnen sträuben sich schon die Nackenhaare, weil Sie solche Sätze zur Genüge kennen. Um die Schieflage der mütterlichen Argumentation zu verdeutlichen, lassen Sie uns einmal in ein ganz anderes Gebiet gehen:

Mutter: Ich möchte, dass die Erkältung meiner Tochter verschwindet.
Arzt: Kein Problem. Dazu muss sie nur drei Tage im Bett bleiben und ihre Medikamente nehmen.
Mutter: Wieso das denn? Sie sind doch der Doktor!

Die Absicht

Das Arztbeispiel macht wunderbar deutlich: Jeder ist für seinen Bereich zuständig. Die Lehrkraft unterrichtet, erklärt, korrigiert, analysiert und gibt Hilfestellung für Verbesserungen. Die Schüler passen im Unterricht auf und erledigen zu Hause ihre Hausaufgaben und Übungen für Klassenarbeiten. Und die Eltern unterstützen das Ganze, indem sie zu Hause die Tätigkeiten der Kinder überwachen und sie zum Arbeiten anhalten. Denn nur wenn auch die Eltern ihren Teil zur Erziehung beitragen und die Schule unterstützen, können größere Probleme gelöst werden.

Die Absicht der mütterlichen Argumentation besteht darin, der Lehrkraft die eigentlich elterlichen Pflichten aufs Auge zu drücken. Dem sollte man höflich, aber bestimmt entgegentreten. Lässt man einmal alles Überflüssige weg, dann reduziert sich die Strategie auf die Grundhaltung: »Eine gute Lehrkraft würde das in den Griff kriegen.« Dahinter stecken folgende Überlegungen:

- ▸ Lehrkräfte werden speziell ausgebildet. (richtig)
- ▸ Man bringt ihnen den Umgang mit schwierigen Schülern bei. (na ja, zum Teil)
- ▸ Wenn mein Kind Schwierigkeiten macht, was ich eigentlich nicht glaube, dann liegt es an der Inkompetenz der Lehrkraft. (falsch)

Der Vorteil dieser schlichten Denkweise besteht darin, sowohl sein Kind als auch sich selbst von jeglicher Verantwortung für sein Handeln zu befreien. Es liegt alles am Lehrer – vor allem, wenn etwas schiefläuft. Das ist zwar sehr schmeichelhaft, weil es den Lehrkräften einen enormen Einfluss unterstellt. Allerdings ist es nicht zutreffend, denn natürlich spielt das Verhalten von Schülern und Eltern eine wesentliche Rolle für den schulischen Erfolg. Und so drängt sich der Verdacht auf: Diese Argumentation ist lediglich eine Entschuldigung für Versäumnisse der Vergangenheit und ein Vorwand für die eigene Bequemlichkeit. Denn wenn alles vom Lehrer abhängt, brauchen weder das Kind noch man selbst als Elternteil sich zu ändern. Könnte das Leben denn nicht immer so einfach sein?

Leider nicht. Gelegentlich muss man seine Einstellung ändern und manchmal muss man sogar Dinge immer wieder üben. Wer ungünstige Blutwerte hat, der muss eben auf seine Ernährung achten. Und wer eine Schulteroperation hatte, muss auch zu Hause seine krankengymnastischen Übungen machen, damit die Schulter wieder beweglich wird.

Zwischen den beiden Sätzen: »Sie sind doch der Erziehungsexperte« und »Ein guter Lehrer würde diese Probleme in den Griff kriegen« gibt es einen wichtigen Unterschied. Während der erste Satz nur generell auf die Erziehungskompetenz von Lehrkräften abhebt, geht der zweite Satz weiter. Indirekt sagt er nämlich: »Sie sind ein schlechter Lehrer, weil Sie mein Kind nicht zum korrekten Verhalten bringen können. Beweisen Sie mir das Gegenteil, indem Sie ganz alleine das gesteckte Ziel erreichen.« Die Lehrkraft wird quasi bei ihrer beruflichen Ehre gepackt und soll demonstrieren, was sie alles kann.

In der Tat sind Lehrkräfte die ausgebildeten Spezialisten für Unterrichtung und Erziehung. Aber selbst sie sind machtlos, solange die Schüler nicht mitarbeiten und die Unterstützung aus dem Elternhaus fehlt. Es gilt daher, die Eltern davon zu überzeugen, dass nur durch das Zusammenwirken aller Beteiligten – Lehrkraft, Schüler und Eltern – der maximale Erfolg erreicht wird.

Die Gegenreaktion

Meist hilft es, den Einfluss der Eltern zu betonen, damit sie die Schule nicht länger als Dienstleistungsbetrieb verstehen, bei dem man sein Kind – wie in einer Autowerkstatt – abgibt und später voll verkehrstüchtig zurückbekommt. Nennen Sie den Eltern gegenüber ruhig das Beispiel mit der Schulteroperation, nach der ein Arzt dem Patienten nicht nur ein paar Pillen verschreibt, sondern auch gymnastische Übungen auferlegt. Selbstverständlich würden die Eltern in diesem Fall darauf achten, dass ihr Kind zu Hause regelmäßig die notwendigen Übungen macht. Warum also nicht für die Schule? Schauen wir uns nun den verbesserten Durchgang an:

Lehrkraft: Frau Bellmann, schön, dass Sie da sind.
Mutter: Ich hoffe, das geht schnell hier.
Lehrkraft: Ich tue mein Bestes, weil ich weiß, dass Sie viel zu tun haben – genau wie ich. Lassen Sie es mich auf den Punkt bringen: Jeromes Noten werden schlechter, weil er seine Hausaufgaben nicht macht und im Unterricht abgelenkt ist.

Mutter: Und was soll ich da machen? Sie sind doch der Experte.
Lehrkraft: Auf Sie hört er doch, Sie sind seine Mutter. Ich möchte, dass Sie Ihren Einfluss geltend machen und ihm sagen, wie er sein Verhalten ändern muss. Zusammen kriegen wir das in den Griff.
Mutter: Ok, ich kann's ja mal versuchen.

Haben Sie es gemerkt? Es sind kleine, aber wichtige Unterschiede, die das Gespräch in eine erfolgreiche Richtung lenken können. Zunächst einmal ist die Begrüßung herzlicher. Ein »Schön, dass Sie da sind« klingt eben doch etwas anders als ein simples »Guten Tag«. Daneben akzeptiert der Kollege, dass die Mutter sehr beschäftigt ist, vertieft dies allerdings nicht. Er macht aber klar: Auch er hat viel zu tun. Beide Seiten stehen also auf einer Stufe.

Weiter konzentriert Peter Sielje sich auf das, was die meisten Eltern vor allem interessiert: die Noten, insbesondere schwache Noten. Denn – machen wir uns nichts vor – den meisten problematischen Eltern ist das Verhalten ihrer Kinder in der Schule ziemlich egal, solange die Noten stimmen. Über den Aspekt der schwachen Noten kann man folglich die Aufmerksamkeit und genügend Zeit für ein vernünftiges Gespräch gewinnen.

Das letzte Argument der Lehrkraft kennen Sie schon aus der ersten Situation. Gerade bei forsch auftretenden Eltern ist es günstig, sie bei ihrer Selbsteinschätzung zu packen. Unterstellen Sie einen riesigen Einfluss, den die Mutter auf das Kind hat. Jetzt wird es für sie fast unmöglich zu sagen: »Aber was soll ich denn machen? Er hört doch nicht auf mich!« Der abschließende Satz: »Gemeinsam schaffen wir es!« mindert den Erwartungsdruck wieder ein wenig und reicht die Hand für eine Kooperation zum Wohle des Schülers.

4 Wollen Sie behaupten, mein Kind lügt?

Die Situation

Die sympathische Kollegin Anna Nass sitzt zu Hause, auf dem Schreibtisch ein Stapel mit Arbeitsheften, der auf seine Bearbeitung wartet. Weil es draußen regnet und ungemütlich kalt ist, hat sie sich einen Becher mit Tee bereitet und dicke Wollsocken angezogen. Schließlich ist nichts schlimmer, als mit kalten Füßen Klassenarbeiten zu korrigieren. Nach einiger Zeit entfalten der Tee und die Socken ihre wärmende Wirkung, sodass die Kollegin zügig vorankommt und recht guter Dinge ist. Sie ahnt nämlich noch nicht, was gleich passieren wird: Das Telefon klingelt, und sie begeht den Fehler, das Gespräch anzunehmen. Am anderen Ende der Leitung ist der Vater von Chantal, der sogleich wutentbrannt loslegt:

Vater: Als Chantal heute nach Hause gekommen ist, hat sie erzählt, dass sie in der Pausenhalle von einem anderen Mädchen geschlagen wurde, ohne dass Sie etwas dagegen unternommen haben!
Lehrkraft: Das war etwas anders.
Vater: Chantal hat gesagt, das Mädchen hat sie so gehauen, dass sie geblutet hat.
Lehrkraft: Wie ich schon sagte, es war etwas anders.
Vater: Wollen Sie meine Tochter eine Lügnerin nennen?
Lehrkraft: Na ja, es war eher umgekehrt. Chantal wollte einem anderen Mädchen mit Gewalt ein Buch wegnehmen, und dann gab es ein Gerangel, bei dem Chantal das Buch gegen den Kopf bekam. Blut habe ich dabei nicht gesehen.
Vater: Das hat mir Chantal aber ganz anders erzählt. Und ich weiß, dass meine Tochter nicht lügt.

Oder kommt Ihnen das bekannt vor?

Vater: Was werfen Sie eigentlich meiner Tochter vor?
Lehrkraft: Wenn ich Chantal bei einem Fehlverhalten erwische,

dann behauptet sie immer, sie habe nichts gemacht.
Vater: Vielleicht hat sie ja auch nichts gemacht.
Lehrkraft: Gestern habe ich gesehen, wie sie die Federtasche eines anderen Mädchens aus dem Fenster geworfen hat.
Vater: Sind Sie sicher, dass es Chantal war?

Oder vielleicht so:

Vater: Chantal wusste nicht, dass am Montag der Test geschrieben wird.
Lehrkraft: Aber in den Stunden davor war sie doch da. Oder?
Vater: Ja, aber sie wusste es nicht.
Lehrkraft: Das verstehe ich nicht. Denn ich habe es nicht nur mündlich angekündigt, sondern auch an die Tafel geschrieben.
Vater: Aber sie hat es nicht gesehen, und ich glaube meiner Tochter. Kann sie den Test nicht nochmal schreiben?

Die Absicht

Hinter den Äußerungen solcher Eltern steckt nicht zwangsläufig eine ausgeklügelte Strategie, sondern häufig einfach nur die naive Vorstellung, ihr Kind würde nie lügen. Diese Eltern haben offensichtlich vergessen (oder verdrängt), wie sie sich selbst als Kinder oder Jugendliche verhalten haben. Denn selbstverständlich lügen Kinder und Jugendliche, wenn sie in Bedrängnis sind. Schließlich ist es – auf den ersten Blick – die einfachste Möglichkeit, sich zu verteidigen. Das ist nicht schön, allerdings auch nicht dramatisch. Deshalb hilft es enorm, wenn man begreift: *Die Lüge ist die Verteidigung der Schwachen*. Schließlich braucht es eine ganze Menge Mut, um zu seinen Fehlern zu stehen. Selbst manche Erwachsene tun sich damit schwer – und werden erfolgreiche Politiker.

Der zweite Grund für die Fehleinschätzung solcher Eltern: Sie glauben (mehr oder weniger berechtigt), ihre Erziehung sei so offen, so tolerant, so repressionsfrei, dass es überhaupt keinen Grund gibt, sie anzulügen. Das ist nett gemeint, verkennt aber, dass Menschen nicht nur lügen, um einer harten Bestrafung zu entgehen.

Sie tun es ebenfalls, um eine Blamage zu vermeiden. Nach meiner Einschätzung ist dies sogar der häufigere Grund.

Die Schilderung ihres Kindes gibt deshalb nicht die objektive Wahrheit, sondern nur *eine* (subjektiv gefärbte) Darstellung der Vorfälle wieder, was die Eltern jedoch nicht durchschauen. Da sie zudem keine gute Meinung von Lehrern haben, ist für sie die Sache ganz schnell ganz klar: Die Schuld liegt, bis zum Beweis des Gegenteils, bei der Lehrkraft. Für engagierte Eltern gibt es somit nichts Wichtigeres, als das ungerecht behandelte Kind gegen die böse Schule zu verteidigen. Und wenn Aussage gegen Aussage steht, ist klar, wem man glaubt: dem eigenen Kind. Wie geht man nun als Lehrkraft erfolgreich mit solchen Eltern um?

Die Gegenreaktion

Fast alle Lehrkräfte sind gekränkt, wenn man ihre Entscheidungen oder Handlungen verfälscht wiedergibt. Der verständliche Wunsch besteht deshalb darin, den Eltern das Gegenteil zu beweisen und ihnen vor Augen zu führen, wie naiv sie doch sind, ihrem Kind zu glauben. Davon kann ich nur abraten.

> **Führen Sie keinen »Gerichtsprozess«
> zur Wahrheitsfindung durch!**

Es bringt in solchen Situationen wenig, öffentlich feststellen zu lassen, wer nun die Wahrheit sagt. Das ähnelt fatal einem Gerichtsprozess, den Sie sich im Innersten vielleicht wünschen. Aber schauen Sie sich einmal an, wie die beiden Parteien nach der Urteilsverkündung auseinandergehen. Die eine Seite triumphiert (das wollen wir für Sie annehmen). Und die andere Seite? Entschuldigt sie sich, weil man ihr öffentlich nachgewiesen hat, im Unrecht zu sein? Das wird man nicht erleben.

Stattdessen ist sie in hohem Maße unzufrieden – und schwört bittere Rache. In richtigen Prozessen geht es meist in die nächste Instanz, in der Schule werden Eltern und Schüler versuchen, Ihnen für diese Demütigung eins auszuwischen. Somit ist diese Variante, die Wahrheit amtlich feststellen zu lassen, nur die zweit- bis drittbeste Lösung. Günstiger ist folglich eine andere Gegenreaktion.

Vater: Als Chantal heute nach Hause gekommen ist, hat sie erzählt, wie sie in der Pausenhalle von einem anderen Mädchen geschlagen wurde, ohne dass Sie etwas dagegen unternommen haben.
Lehrkraft: Hat sie Ihnen irgendwelche Einzelheiten erzählt?
Vater: Nein, nur dass das andere Mädchen sie geschlagen hat.
Lehrkraft: Hat sie gesagt, welches Mädchen es war?
Vater: (ruft nach hinten) Chantal! Sie will wissen, wer das war. (Wieder ins Telefon) Jacqueline, das andere Mädchen heißt Jacqueline.
Lehrkraft: Und wann genau war das?
Vater: In der ersten großen Pause.
Lehrkraft: Und sie sagte, ich hätte es gesehen?
Vater: Genau. Und Sie haben nicht eingegriffen.
Lehrkraft: Hat sie gesagt, wo genau das passiert sein soll?
Vater: (nach hinten) Chantal, sie will wissen, wo das passiert ist. (Wieder ins Telefon) Sie kann sich nicht genau erinnern.
Lehrkraft: Nun, wir hatten in der Pausenhalle neben der Cafeteria einen kleinen Zwischenfall, den ich gesehen habe. Chantal wollte Jacqueline ihr Buch wegnehmen und bei dem Gerangel hat Chantal das Buch gegen den Kopf bekommen.
Vater: (zweifelnd) Das hat sie mir aber anders erzählt.
Lehrkraft: Reden Sie doch noch einmal ganz in Ruhe mit ihr darüber. Und ich will morgen in der Schule gerne auch noch einmal mit ihr darüber sprechen.

Sie haben den Unterschied bemerkt? Im Ausgangsbeispiel war es der Vater, der die Lehrkraft zur Rede stellte, die sich folglich rechtfertigen musste. Eine recht unangenehme Situation. Im Lösungsbeispiel wird der Spieß umgedreht, indem die Lehrerin zunächst alle Informationen erfragt, *die sie eigentlich schon kennt*. Trotzdem fragt sie: wer, wann, wo, was und wie? Dabei geht es weniger darum, präzisierende Sachinformationen zu bekommen, als darum, aus der Defensive zu kommen und die Führung des Gesprächs zu übernehmen. Denn die Kommunikationstheorie belegt: *Wer die Fragen stellt, führt das Gespräch.* Jetzt müssen die Eltern antworten bzw. die Antworten von ihrem Kind erfragen. Auf diese Weise wird die Aufregung der Eltern über die angebliche Ungerechtigkeit ausgebremst und die Angelegenheit gerät in ruhigere Bahnen.

Ihnen als pädagogisch ausgebildeter Lehrkraft ist klar: Schüler lügen manchmal, um sich aus der Affäre zu ziehen. In einigen Fällen kann man den Schülern ihre Lüge sogar nachweisen. Das sollte Sie jedoch nicht dazu verleiten, den Schüler vor seinen Eltern bloßzustellen und mit hochrotem Kopf zu rufen: »Ihr Kind ist ein notorischer Lügner!« Verzichten Sie auf diesen öffentlichen Triumph. Der Schüler wird dankbar registrieren, wie Sie die Lüge zwar erkannt, ihn vor seinen Eltern aber nicht bloßgestellt haben. Lassen Sie die Eltern selbst langsam zu der Erkenntnis kommen, dass ihr Kind nicht immer die Wahrheit sagt. Das ist viel wirkungsvoller.

Ich wende mich an die Schulbehörde!

Die Situation

Die Weihnachtsferien stehen bevor, und es hat sogar schon einmal geschneit. In einem Klassenraum wartet der Kollege Sielje auf den Vater von Jerome, mit dem es in letzter Zeit wieder einige Probleme gab. Jeromes Vater haben Sie schon kennengelernt. Es war derjenige, der glaubte, die Schule dürfe ihm in seine fragwürdige Erziehung nicht hineinfunken. Nun ist er wieder da und versucht, den Kollegen bereits durch sein Auftreten einzuschüchtern. Seine Stimme ist so laut, dass man sie draußen auf dem Gang hört, und der Tonfall ist ungehalten. Peter Sielje muss an sich halten, um nicht aus der Haut zu fahren. Deshalb murmelt er als Mantra ständig vor sich hin: »Ich bin der Profi, ich bleibe ruhig.« Aber dann legt Jeromes Vater los:

Vater: Sie haben Jerome das Handy weggenommen?
Lehrkraft: Richtig, denn er hat damit im Unterricht gesimst.

Vater: Er hat mir nur gesimst, dass er heute früher nach Hause kommt.
Lehrkraft: Das mag ja sein. Aber das hat er während des Unterrichts gemacht.
Vater: Andere Schüler machen das auch, wenn es was Wichtiges gibt.
Lehrkraft: Aber nicht ohne Erlaubnis der jeweiligen Lehrkraft. Er hätte mich vorher fragen müssen.
Vater: Das darf doch wohl nicht wahr sein! Und dafür haben Sie ihm das Handy abgenommen?
Lehrkraft: Richtig, aber am Ende des Schultages hat er es wiederbekommen.
Vater: Das Handy ist persönliches Eigentum meines Sohnes. Das dürfen Sie ihm nicht wegnehmen. Ich beschwere mich bei der Schulleitung.

Oder was halten Sie davon?

Vater: Jerome wird von Sascha-Pascal und seinen Freunden gemobbt. Das muss sofort aufhören!
Lehrkraft: Ich dachte, Jerome und Sascha-Pascal wären Freunde?
Vater: Das ist schon lange her. Seitdem Sascha mit Chantal zusammen ist, hat sich das geändert.
Lehrkraft: Und wie äußert sich das Mobbing?
Vater: Die anderen reden nicht mehr mit ihm, sondern tuscheln nur noch hinter seinem Rücken.
Lehrkraft: Ich werde mit der Klasse darüber reden.
Vater: Es ist Ihre Aufgabe, das zu verhindern. Wenn das nicht sofort aufhört, wende ich mich an die Schulbehörde.
Lehrkraft: Viel Spaß dabei!

Nein, das war nur ein Scherz, um Sie aufzuheitern. Aber wie wäre es damit?

Lehrkraft: Na los, versuchen Sie es doch!

Oder vielleicht diese Antwort:

Lehrkraft: Tun Sie doch, was Sie nicht lassen können.

Nein, auch diese beiden Varianten sind nicht besser. Sie dürfen gerne so denken, sollten es aber nicht sagen, weil Sie damit nur Öl ins flackernde Feuer gießen. Was man am besten entgegnet, erfahren Sie gleich. Aber zunächst noch eine andere beliebte Drohung:

Vater: Wenn das mit Ihnen und dieser unmöglichen Schule so weitergeht, müssen wir Jerome wohl abmelden.
Lehrkraft: (denkt: Dann knallen im Lehrerzimmer die Sektkorken.) Das würde mir wirklich leidtun.

Die Absicht

Solche Eltern wollen beeindrucken und haben im Laufe der Jahre erhebliche Erfahrungen damit gesammelt, leider auch positive. Sie spüren, wenn eine Lehrkraft innerlich zusammenzuckt, und können die Angst ihres Gegenübers förmlich wittern. Also darf man keine Angst zeigen. Machen Sie sich klar: In diesem Spiel hat derjenige verloren, der zuerst zusammenzuckt. In den allermeisten Fällen bluffen solche Eltern nur. Abgesehen von den 3 Prozent notorischen Querulanten (statistisch nachgewiesen!), die wir in der Bevölkerung haben, die sich immer beschweren, hängt die weitere Reaktion davon ab, wie ängstlich oder wie gelassen die Lehrkraft reagiert.

Diese Elterngruppe weiß auch (weil es für sie wichtig ist), dass sich die Lehrerausbildung und das dort vermittelte Verständnis vom Lehrerberuf grundlegend geändert haben. Heute soll nach Möglichkeit alles einvernehmlich geregelt werden, selbst wenn der Schüler einen klaren Verstoß begangen hat und die Lehrkraft eindeutig im Recht ist. »Bloß keine Konflikte!«, lautet die unausgesprochene Devise. Weil sich das bis zu den Eltern herumgesprochen hat, gehen sie davon aus, auf konfliktscheue Lehrkräfte zu treffen, die spätestens dann nachgeben, wenn man ihnen mit einer Beschwerde droht.

Ich weiß, die Welt ist ungerecht: Ist man bereits Beamter auf Lebenszeit, kann man solche Drohungen und Beschwerden an sich abperlen lassen wie Wasser an einer gut geölten Ente. Befindet man sich jedoch noch im Vorbereitungsdienst, können mehrere Beschwerden von Eltern tatsächlich dazu führen, bei den Festanstellungen nicht mehr in der ersten Reihe zu stehen, sondern deutlich weiter hinten. Im Regelfall, das heißt nach der Verbeamtung, hat eine solche Beschwerde keine weiteren Auswirkungen. Insbesondere dann nicht, wenn man nachvollziehbar darlegen kann, warum man die entsprechende Maßnahme ergriffen hat. Also, soll der Vater doch zur Schulleitung gehen! Das ist sein gutes Recht. Da wir in einem Rechtsstaat leben, darf jeder sich beschweren – egal wie unbegründet die Beschwerde ist.

Die Gegenreaktion

Jede Lehrkraft, die aus Angst vor einem Konflikt nachgibt, bestätigt den Eltern, dass deren Drohungen erfolgreich sind. Und der drohend auftretende Vater aus dem Eingangsbeispiel ist vielleicht nur deshalb so forsch, weil die Lehrkräfte, die er bisher kennengelernt hat, aus Angst nachgegeben haben. Es ist also im Sinn einer Weiterentwicklung offensiver Eltern durchaus sinnvoll, ihnen auch einmal die Erfahrung zu vermitteln: Nicht immer führt Drohen zum Erfolg.

Wenn man Eltern zurückweist, und das soll nicht nur hier passieren, ist es wichtig, ganz l – a – n – g – s – a – m zu sprechen, allerdings mit klarer, fester Stimme. Neben der richtigen Sprechgeschwindigkeit erfordert es sprachliches Fingerspitzengefühl, der Drohung etwas entgegenzusetzen, das wirklich funktioniert. Damit kommen wir zu Äußerungen, die man Jeromes Vater gerne entgegenschleudern möchte: »Viel Spaß dabei!« oder »Na los, versuchen Sie es doch!« oder »Tun Sie doch, was Sie nicht lassen können!« Diese drei Entgegnungen enthalten aber sprachliche Spitzen, indem sie versteckt die Erfolglosigkeit einer Beschwerde unterstellen. Damit sind sie allerdings zugleich indirekte Herausforderungen, die im Kopf des aufgeregten Vaters den Gedanken entstehen lassen könnten: »Dem zeig ich es!«

Deutlich wirksamer ist die Entgegnung: »Tun Sie, was Sie für richtig halten.« Es ist sprachlich zwar nur ein winziger, von der unterschwelligen Bedeutung aber ein riesiger Unterschied, weil er keine indirekte Herausforderung enthält. Da diese Formulierung für solche Situationen optimal ist, macht es Sinn, sie sich einzuprägen.

> **Die optimale Entgegnung lautet:**
> **Tun Sie, was Sie für richtig halten.**

Denn in der aufgeladenen Situation mit einem drohenden Vater sollte Ihnen genau dieser Satz einfallen – und nicht einer seiner aufstachelnden Brüder.

Nach einer solchen Begegnung sollten Sie – als Erster – vorsorglich die Schulleitung informieren. Denn die ersten Informationen, die jemand zu einem Sachverhalt bekommt, prägen das Bild und beeinflussen die späteren Informationen, die vielleicht vom Vater kommen. Des Weiteren zeigen Sie dadurch, dass Sie nichts zu verbergen haben. Wenn der Vater sich nicht beschwert, sondern nur blufft, wie in den meisten Fällen, umso besser.

Im Ausgangsfall hatte ich ein Vier-Augen-Gespräch im Klassenraum konstruiert. Aber es könnte ja auch sein, dass Sie Jerome das Handy weggenommen haben und der Ihnen mit Schaum vorm Mund angedroht hat, sein Vater würde sich schon entsprechend um diesen Übergriff kümmern. Wenn Sie jetzt zu Hause sitzen und das Telefon unter der Nummer klingelt, die Sie den Eltern gegeben haben, kann ich nur raten: Gehen Sie bei solchen Eltern nie am gleichen Tag ans Telefon! Gerade diese Eltern neigen verstärkt zu jähzornigen Reaktionen. Nachdem ihr Kind ihnen (einseitig gefärbt) erzählt hat, welch schreiende Ungerechtigkeit es in der Schule erleiden musste, stürzt Vati natürlich sofort zum Telefon, um der Lehrkraft zu zeigen, wo der Hammer hängt und was für ein Mordsmolli er ist. Vermutlich lauscht der Rest der Familie im Hintergrund und verfolgt gespannt, wie Vati gleich die Lehrkraft zusammenstaucht. Das ist spannender als jede Doku-Soap im Fernsehen.

In so einer aufgeheizten Situation kann der Anrufer gar nicht vernünftig mit Ihnen reden, weil er dadurch vor seinem Kind das Gesicht verlieren würde. Lassen Sie das Telefon ruhig klingeln und alle Beteiligten eine Nacht darüber schlafen. In der preußischen Armee gab es das weise Verbot, sich noch am selben Tage zu beschweren, wenn man meinte, es sei einem Unrecht widerfahren. Man musste erst eine Nacht darüber schlafen. Diese Regel verdient es, in Marmor gemeißelt und überall aufgehängt zu werden.

Warten Sie also bis zum nächsten Tag – und dann rufen *Sie* an. Sie übernehmen jetzt die Initiative. Sagen Sie, Sie hätten vermutet, der Betreffende habe versucht, Sie zu erreichen, aber Sie seien leider verhindert gewesen. Aber jetzt seien Sie ja da, und nun könne man ganz in Ruhe über alles reden.

Von drohenden Eltern ist es nur ein kleiner Schritt zu unverschämten Eltern. Manchmal droht man Ihnen nicht nur mit einer Beschwerde, sondern man beleidigt Sie auch. Da schleudert man Ihnen entgegen: »Sie sind als Lehrkraft einfach unfähig!« – oder ähnlich unverschämte Äußerungen.

Es gibt Dinge, zu denen Eltern berechtigt sind, und es gibt solche, zu denen sie kein Recht haben. Jeder darf mit einer Beschwerde bei der Schulleitung oder sogar beim Kultusminister drohen, und Lehrkräfte als Profis sollten versuchen, die Angelegenheit sachlich zu erledigen.

Wenn Sie jedoch beleidigt werden, ist das Maß voll. Sie sollten aufstehen und sagen: »Herr Bellmann, das Gespräch ist beendet.« Nicht mehr und nicht weniger. Gehen Sie auf die Beleidigung nicht inhaltlich ein, indem Sie etwa zu klären versuchen, ob Sie nicht doch kompetent sind. Nur die Schulleitung und die vorgesetzte Schulbehörde sind berechtigt, ein Urteil darüber zu fällen, ob Sie eine unfähige Lehrkraft sind oder nicht.

An diesem Punkt müssen Sie auch nicht mehr nett sein oder versuchen, den Vater zu besänftigen. Wer so gegen die allgemeinen Umgangsformen verstößt, dem muss deutlich die rote Karte gezeigt werden. Weitere Gespräche, falls notwendig, sollten nur noch in Gegenwart der Schulleitung stattfinden. Denn dann haben Sie nicht nur einen Zeugen für die Unverschämtheiten, sondern die Schulleitung ist auch im Rahmen ihrer Fürsorgepflicht gehalten, Sie zu verteidigen.

6 Zu Hause macht er das nicht!

Die Situation

Der Jahreswechsel ist vollzogen und es sind nur noch ein paar Wochen bis zum Ende des ersten Halbjahres. Draußen ist es inzwischen bitter kalt geworden, und an den Scheiben des Klassenraumes hat sich Kondenswasser gebildet, das langsam auf die Fensterbank läuft. Die Kollegin Anna Nass steht sinnend am Fenster und schaut nach draußen in die Bäume, deren Äste mit einer dünnen weißen Eisschicht überzogen sind. Es sieht wunderschön aus. Gerade als sie die Hände auf den Heizkörper vor dem Fenster legt, klopft es an der Tür und hereinkommt die Mutter von Jerome.

Lehrkraft: Schön, dass Sie da sind, Frau Bellmann.
Mutter: Was gibt es denn so Dringendes?
Lehrkraft: Jerome verhält sich leider nicht so, wie er soll.
Mutter: Das kann ich mir kaum vorstellen.
Lehrkraft: Er arbeitet nicht mit und stört die Mitschüler.
Mutter: Wissen Sie, bei Lehrern, die er mag, arbeitet er gut mit.
Lehrkraft: Bei mir allerdings nicht. Und wenn ich meine Arbeitsaufträge erteile, gibt er häufig Widerworte.
Mutter: Das ist ja seltsam, zu Hause macht er überhaupt keine Probleme.
Lehrkraft: Das glauben Sie doch selber nicht.

Nein! Den letzten Satz streichen wir besser aus dem Dialog. Sie dürfen gerne so denken, sagen sollten Sie aber etwas anderes (siehe die Gegenreaktion).

Die Absicht

Es wäre ein sehr seltener Fall, wenn ein Schüler in der Schule erhebliche Probleme bereitet, zu Hause aber lammfromm ist. Insofern dürfen wir im Stillen erhebliche Zweifel an der Glaubwürdigkeit dieser Aussage der Mutter anmelden. Aber es geht ja nicht um die Fakten des häuslichen Zusammenlebens, sondern um die Strategie der Äußerung. Durch die stramme Behauptung »Zu Hause macht er das nicht!« soll die Lehrkraft indirekt als ungeeignet dargestellt werden. Denn wenn die professionell ausgebildete Pädagogin etwas nicht schafft, das den Eltern als pädagogischen Laien gelingt, dann ist offensichtlich, wer die größere Erziehungskompetenz besitzt.

Das wird natürlich nicht so deutlich gesagt, wie ich es hier schreibe. Schließlich möchte man die Lehrkraft ja nicht offen beleidigen, das wäre kontraproduktiv. Man will nur ein schlechtes Gewissen erzeugen und das Fehlverhalten des Schülers indirekt der Lehrkraft anlasten. Sie soll sich schuldig fühlen und einlenken, indem sie ihren Vorwurf zurücknimmt oder abschwächt, um die für sie unangenehme Situation zu beenden.

In eine ähnliche Richtung geht die Äußerung, das Kind würde bei Lehrern, die es mag, problemlos mitarbeiten. Das kann ja sein, aber indirekt steckt darin der Vorwurf: Nur weil die Lehrkraft sich so unsympathisch verhält und Fehlverhalten korrigiert, verhält der Schüler sich so widerspenstig. Bei mehr Nachsicht oder einem größeren Entgegenkommen vonseiten der Lehrkraft würde nicht nur das Fehlverhalten verschwinden, der Schüler (und seine Eltern!) würde auch die Lehrkraft viel sympathischer finden. Und wenn der Schüler bei anderen Kollegen mitarbeitet – nur nicht bei Kollegin Nass –, dann ist doch klar, bei wem die Schuld liegt, nämlich bei der Lehrkraft. Das ist die versteckte Strategie dieser Argumentation.

Fairerweise muss man einräumen: Der Schüler könnte tatsächlich zu Hause keine Schwierigkeiten machen, und zwar weil dort die Umstände anders sind. Zum einen verbringt er mehr Zeit mit seinen Eltern als mit einer Lehrkraft in einem Nebenfach. Die Zeit, ihn zu beeinflussen, ist einfach länger. Zum anderen haben die Eltern viel weitreichendere Möglichkeiten als die Schule, um disziplinarisch auf ihr Kind einzuwirken. Drittens ist der Schüler zu Hause alleine. Er kann nicht von anderen abgelenkt oder angestachelt werden, er kann sich nicht vor Mitschülern oder Mitschülerinnen in Szene setzen und zeigen, wie mutig er die Grenzen der Lehrkraft austestet. Ein korrektes Verhalten solcher Schüler zu Hause ist theoretisch möglich, wahrscheinlich ist es allerdings nicht. Dies im Hinterkopf folgt jetzt in einem erneuten Anlauf:

Die Gegenreaktion

Lehrkraft: Jerome arbeitet nicht mit und stört die anderen.
Mutter: Wissen Sie, bei Lehrern, die er mag, arbeitet er gut mit.
Lehrkraft: Bei mir allerdings nicht. Und wenn ich meine Arbeitsaufträge erteile, gibt er häufig Widerworte.
Mutter: Das ist ja seltsam, zu Hause macht er überhaupt keine Probleme.
Lehrkraft: Das mag ja alles sein. Aber trotzdem muss er auch bei mir seine Arbeiten erledigen und darf andere nicht stören.

Schlucken Sie also nicht den Köder, indem Sie sich auf Vergleiche mit dem Elternhaus oder anderen Lehrkräften einlassen, dabei können Sie nämlich nur verlieren. Die Behauptung, bei anderen Kollegen würde es besser laufen, können Sie kaum, die Behauptung, zu Hause sei der Schüler folgsam, können Sie gar nicht widerlegen. Also, was soll's?

> **Entscheidend ist, wie der Schüler sich bei Ihnen verhält.**

Selbst wenn der Schüler bei anderen Kollegen wirklich keine Probleme machen sollte, was beweist das schon? Vielleicht erteilen die beliebteren Kollegen ja keine Arbeitsaufträge oder nicht so schwierige oder arbeitsaufwendige. Und vielleicht akzeptieren ja andere Kollegen die Widerworte des Schülers. Wer weiß das schon?

Diese Vermutung behalten wir jedoch für uns. Denn Vorsicht! Tappen Sie nicht in die Falle und reden Sie nicht abfällig über andere Kollegen, indem Sie ihnen öffentlich niedrigere Ansprüche unterstellen, weil das mit Sicherheit später gegen Sie verwendet wird.

Es lohnt sich nicht, auf die unausgesprochenen Vorwürfe der Mutter einzugehen. Viel effektiver ist es, bei dem Verhalten des Schülers in Ihrem Unterricht zu bleiben. Das ist alles, was zählt.

7 Was haben Sie gegen mein Kind?

Die Situation

Das zweite Halbjahr hat begonnen und wieder einmal ist Elternsprechtag. Der Februar ist noch kälter als der Vormonat, und die Heizung schafft es kaum, den hohen Raum zu erwärmen. Zwischendurch gluckert das Wasser in den alten Heizkörpern, die mal wieder entlüftet werden müssten. Da die Putzfrauen in den freien Tagen zum Halbjahreswechsel die Räume gründlich gesäubert haben, riecht es noch angenehm nach dem Zitronenzusatz im Reinigungsmittel. Obwohl zum Elternsprechtag eigentlich fast nur die Eltern kommen, bei denen es kaum Gesprächsbedarf gibt, hat sich ebenfalls Jeromes Mutter eingefunden, weil der Kollege Sielje sie aus aktuellem Anlass um ein Gespräch gebeten hatte.

Lehrkraft: Frau Bellmann, Jerome hat heute einen anderen Jungen geschlagen und wird deshalb morgen vom Schulbesuch ausgeschlossen.
Mutter: Und was ist mit dem anderen Jungen? Der hat nämlich angefangen. Der sollte ausgeschlossen werden. Was haben Sie gegen meinen Sohn?
Lehrkraft: Ich habe nichts gegen Ihren Sohn.

Oder wie ist es hiermit?

Lehrkraft: Frau Bellmann, Jerome hat sich heute wieder einmal mir gegenüber unverschämt verhalten.
Mutter: So, was hat er denn gemacht?
Lehrkraft: Er hat gesagt, er habe keinen Bock, mein »scheiß Arbeitsblatt« auszufüllen. Wenn es so wichtig sei, solle ich es doch selbst ausfüllen.
Mutter: Und was haben Sie gemacht, um ihn so zu provozieren?

Oder haben Sie das schon einmal gehört?

Die Offensiven

Lehrkraft: Ich musste Jerome schon wieder ermahnen, keine unanständigen Wörter durch die Klasse zu rufen.
Mutter: Und was ist mit all den anderen? Andere Schüler sagen auch »Scheiße«, ohne dass etwas dagegen unternommen wird.
Lehrkraft: Das mag bei anderen ja so sein. Aber ich will nicht, dass bei mir im Unterricht solche Wörter gebraucht werden.
Mutter: Dann müssen Sie dafür sorgen, dass niemand dieses Wort gebraucht. Das kann doch nicht sein, dass nur mein Kind dafür bestraft wird. Das ist ungerecht.

Oder klingt das vertraut?

Mutter: Jerome sagt, Sie machen ihn immer runter, wenn er nicht aufpasst.
Lehrkraft: Ich mache ihn nicht runter, ich ermahne ihn.
Mutter: Er fühlt sich runtergemacht und hat das Gefühl, Sie mögen ihn nicht.
Lehrkraft: Das stimmt nicht.
Mutter: Er sagt, bei anderen Schülern lassen Sie das durchgehen, aber nicht bei ihm. Ständig machen Sie ihn runter.
Lehrkraft: Das ist nicht wahr.

Die Absicht

Diese Art von Eltern argumentiert häufig, andere Schüler würden ebenfalls etwas Unerlaubtes tun, aber nicht erwischt bzw. bestraft. Und solange nicht alle erwischt bzw. bestraft werden, dürfe auch ihr Kind nicht bestraft werden. Allerdings besteht das Ziel der Eltern gar nicht darin, alle zu bestrafen. Nein. Sie wollen, dass niemand bestraft wird und damit auch nicht ihr Kind.

Da die Eltern wissen, dass es keine vollkommene Gleichheit gibt, weil jede Lehrkraft auch einmal etwas übersieht, ist dies scheinbar ein wunderbarer Ansatz, um die Bestrafung aufzuheben. Bei genauer Betrachtung zeigt sich jedoch, wie schief diese Argumentation (»Alle oder keiner!«) ist: Auf andere Bereiche übertragen würde sie bedeuten: Man dürfte niemanden wegen Diebstahls bestrafen, weil man ja nicht alle Diebe fängt. Man dürfte Raser auf der Autobahn nicht sanktionieren, weil man ja nicht alle Raser erwischt. So zu argumentieren ist natürlich Unfug. Jedes System muss damit leben, nicht alle Verstöße zu entdecken – aber die entdeckten dürfen (und müssen!) selbstverständlich geahndet werden.

Die eigentliche Strategie der Eltern (und Kinder) besteht in dem Vorwurf, man lasse bewusst bestimmte Verstöße bei einigen Schülern durchgehen, bei anderen aber nicht. Das ist ein schwerwiegender Vorwurf, unterstellt er doch eine gezielte Ungleichbehandlung. Für den Schüler ist es jedoch die einfachste Variante, weil der Grund für die Maßnahme nun nicht mehr sein Fehlverhalten ist, sondern die Voreingenommenheit der Lehrkraft. Der Vorwurf fällt besonders leicht, wenn ein Schüler häufig stört. Denn als Lehrkraft achtet man natürlich stärker auf diesen Schüler, und er wird folglich häufiger als andere gemaßregelt. Das ist nur logisch. Die Maßnahmen sind deshalb kein Beleg für eine Ungleichbehandlung.

Die Gegenreaktion

Die Eltern treten in der Absicht auf, ihr Kind zu verteidigen. Und sie glauben, weil ihr Kind es ihnen so erzählt hat, die Lehrkraft hätte etwas gegen es. Das Ziel der Schule muss deshalb sein, den Eltern zu verdeutlichen:

Es geht um das störende Verhalten, nicht um den Schüler.

Schauen wir uns einige solcher Schlüsselsätze noch einmal an:

Mutter: Was haben Sie gegen meinen Sohn?
Lehrkraft: Ich habe nichts gegen Ihren Sohn.

Mutter: Sie behandeln ihn strenger.
Lehrkraft: Das stimmt nicht.

Mutter: Ständig machen Sie ihn runter
Lehrkraft: Nein, mache ich nicht!

»Doch, das tun Sie!« »Nein, das tue ich nicht!« »Doch, das tun Sie!« Ein solches Ping-Pong-Gespräch erinnert an zwei trotzige Kleinkinder in der Sandkiste und könnte noch minutenlang so weitergehen. Allerdings ohne Ergebnis. Dadurch wird deutlich: Diese Art der Entgegnung löst das Problem nicht, weil es nicht möglich ist, den Vorwurf glaubhaft zu widerlegen. Viel besser hat sich bewährt, Dinge zu klären und deutlich zu machen, dass es um das störende Verhalten geht. Also:

Lehrkraft: Was versteht er denn unter »runtermachen«?
Mutter: Na ja, Sie machen ihn eben vor allen fertig.
Lehrkraft: Meint er, ich ermahne ihn, wenn er mit seinem Nachbarn spricht, während ich etwas erkläre?
Mutter: Ja, vielleicht.

Oder vielleicht so:

Mutter: Andere Schüler sagen auch »Scheiße«, ohne dass etwas dagegen unternommen wird.
Lehrkraft: Das mag bei anderen Kollegen so sein. Aber ich will nicht, dass bei mir im Unterricht solche Wörter gebraucht werden.
Mutter: Dann müssen Sie dafür sorgen, dass niemand dieses Wort gebraucht. Das kann doch nicht sein, dass nur mein Kind dafür bestraft wird. Das ist ungerecht.
Lehrkraft: Es geht hier um Jerome. Und unsere Schulordnung sagt, dass solche Wörter nicht im Unterricht benutzt werden.
Mutter. Andere sagen das auch.
Lehrkraft: Aber nicht bei mir.
Mutter: Doch, das hat mir Jerome aber gesagt.
Lehrkraft: Ich will nicht, dass meine Schüler im Unterricht so sprechen.

Der letzte Satz ist eine bewährte Gegenmaßnahme, die in Fachkreisen auch als »Endlosschleife« (engl.: *broken record*) bezeichnet wird.

Egal, was die Mutter sagt, die Lehrkraft wiederholt immer das Gleiche, und zwar so lange, bis die Mutter begriffen hat: Die Kollegin geht nicht auf die gewünschte Argumentation ein. Nein, sie geht nicht darauf ein. Sie geht überhaupt nicht darauf ein.

In einer solchen Situation müssen Sie sich nicht anstrengen, mit Ihren Argumenten besonders kreativ zu sein. Sie dürfen gerne das gleiche Argument immer wieder anführen. Das Entscheidende ist, sich nicht einmal ansatzweise auf eine Diskussion darüber einzulassen, ob Sie vielleicht etwas gegen Jerome haben.

Die Verhandler

Warum diese Gruppe so wichtig ist, leuchtet ein, wenn man statistisch denkt. Denn in etwa 80 Prozent aller Gespräche mit Eltern über ihre Kinder wird fast wie auf einem Teppichbasar gehandelt. Dabei verursacht das Vorgehen, Ihnen als Lehrkraft für das gewünschte Ergebnis etwas vorzuspielen, den Eltern keine schlaflosen Nächte. Das ist nicht schön, aber auch keine Katastrophe. Schwierig wird es nur dann, wenn eine Lehrkraft die vorgetragenen Argumente als Angriffe empfindet und nicht begreift, dass etwaige Kritik gar nicht persönlich gemeint ist.

Bei allen folgenden Strategien geht es darum, einen Ansatzpunkt zu finden, um ein Entgegenkommen zu begründen. Es ist wie bei einem Teppichkauf im Orient. Jeder, der begriffen hat, dass man dort handeln muss, um einen fairen Preis zu erhalten, wird versuchen, am Teppich irgendeinen Makel zu finden, durch den man den Preis drücken kann. Das ist völlig normal und nicht gegen den Teppichverkäufer gerichtet. Kein professioneller Händler wird sich persönlich angegriffen fühlen, falls der Kunde versucht, einen oder mehrere Webfehler im Teppich zu finden. Er wird aber seinen Teppich ebenso wenig unter Wert verkaufen. Und genauso sollte sich die Lehrkraft in Elterngesprächen verhalten: die innere Gelassenheit bewahren und eigene Ansprüche (den Teppich) nicht aufgeben bzw. nicht unter Wert verkaufen. Das kann man lernen.

 Vor den Ferien läuft ja doch nichts mehr

Die Situation

Das folgende Gespräch hätte Kollege Sielje bereits am letzten Elternsprechtag erleben können. Es hätte sich auch am Telefon abspielen können. Oder aber, diesen Fall wollen wir hier annehmen, Jeromes Vater fängt den Kollegen Sielje drei Wochen vor den Osterferien ohne Vorwarnung in der großen Pause ab. Warum gerade in der großen Pause? Dafür gibt es einen guten Grund, den wir gleich enthüllen. Aber so weit sind wir noch nicht. Der Vater, Herr Bellmann, spricht den Kollegen also an und fragt, ob er kurz Zeit für ihn habe. Da Sielje ein höflicher Mensch ist und nicht ahnt, was auf ihn zukommt, sagt er Ja. Und nun geht es los:

Vater: Wir möchten mit Jerome gerne schon am Mittwoch vor den Osterferien verreisen.
Lehrkraft: Sie meinen, noch während der Schulzeit?
Vater: Richtig. Wir kriegen dann einen deutlich günstigeren Abflug ab Düsseldorf.
Lehrkraft: Aber dann versäumt er drei Tage Schule.
Vater: Deswegen sage ich es Ihnen ja schon jetzt. Wenn noch irgendetwas Wichtiges ansteht, können Sie ihm die Materialien ja mitgeben und er bearbeitet sie dann im Urlaub. Und seien wir doch mal ganz ehrlich: In den letzten Tagen vor den Ferien läuft doch sowieso nichts mehr.
Lehrkraft: Also ich weiß nicht. Ich hab dabei ein ungutes Gefühl.
Vater: Aber wir haben die Reise doch schon gebucht.
Lehrkraft: Na gut.

Sie halten diesen Dialog für wenig realistisch, weil die Lehrkraft zunächst auf dem Schulbesuch beharrt? Das ist richtig, und leider ist das auch ein Teil des Problems.

Die Absicht

Schauen wir uns an, wie geschickt Herr Bellmann vorgeht. Sein erster Trick besteht darin, die Lehrkraft in der großen Pause abzufangen. Er weiß nämlich, wie sehr Lehrer selbst in den Pausen unter Zeitdruck stehen. Und das erleichtert es enorm, irgendwelche Zugeständnisse zu erreichen. Um das Problem schnell vom Tisch zu haben, werden viele Lehrkräfte zustimmen. Dann bleibt nämlich noch etwas von der knapp bemessenen Pause übrig. Schließlich müssen noch Unterrichtsmaterialien ins Lehrerzimmer gebracht werden. Zudem will man mit dem Schulleiter noch eine Absprache treffen, die Kopien für die anstehende Klassenarbeit aus dem Fach holen, kurz auf die Toilette gehen und sich auf die Schnelle noch einen Kaffee zapfen.

Natürlich könnte man für die Klärung des Problems einen gesonderten Termin ansetzen. Diese Variante ist jedoch keine verlockende Alternative, weil sie einen zusätzlichen Termin bedeutet. Damit hat der Vater durch die geschickte Wahl des Zeitpunkts schon einen deutlichen Vorteil erzielt.

Der nächste Trick, der im Grunde eine Unverschämtheit darstellt, besteht darin, die Reise (zu einem Termin während der Schulzeit!) bereits fest zu buchen. Das aber wird der Lehrkraft – zunächst – nicht gesagt. Vielmehr wird so getan, als wolle man die Genehmigung der Lehrkraft einholen. Geht die Rechnung auf, bedankt der Vater sich herzlich für das Verständnis, und die Lehrkraft wird in dem naiven Glauben gelassen, nur durch ihr entgegenkommendes Einverständnis sei es der Familie möglich gewesen, ausnahmsweise früher in den Urlaub zu fahren. Das ist leider eine enorme Selbstüberschätzung der Kollegen. Denn so wichtig nehmen die meisten Eltern die Schule und den dort stattfindenden Unterricht nun wirklich nicht.

Die zentrale Information, dass die Reise schon gebucht ist, wird erst offenbart, wenn die Lehrkraft nicht zustimmt. Dabei ist die bereits vollzogene Buchung gleichbedeutend mit einem »Tja, da kann man jetzt nichts mehr machen!«, also quasi wie »höhere Gewalt«, die man als unvermeidbar akzeptieren müsse. Das stimmt natürlich nicht, weil ja die Eltern, ohne die Schule *vorher* zu fragen, diese Entscheidung freiwillig gefällt haben. Nichts und niemand hat sie dazu gezwungen. Nicht einmal die Kostenersparnis, auf die ich gleich noch eingehe.

Die Gegenreaktion

Bevor ich Ihnen wirksame Gegenreaktionen aufzeige, sollten Sie sich überlegen, wie Sie generell zu solchen Unterrichtsbefreiungen stehen. Falls Sie im Wunsch der Eltern, die Schule und ihren Unterricht ausfallen zu lassen, nichts Unrechtes erkennen können, dann überschlagen Sie bitte dieses Kapitel.

Falls Sie weiterlesen, widmen wir uns jetzt dem Geld. Natürlich sind Flüge zu Terminen, die nicht in der Ferienzeit liegen, günstiger. Eine Familie kann da leicht 300 Euro sparen. Wer also den Wert eines Schultages mit weniger als 100 Euro ansetzt, so wie es die Bellmanns tun, für den ist das Ergebnis eindeutig. Noch mehr könnte man vermutlich sparen, wenn man nicht nur drei Tage, sondern eine ganze Woche oder sogar zwei Wochen früher fliegt.

Ich kenne leider Schulleitungen, die den Forderungen solcher Eltern ohne Zögern nachgeben. Teils, weil sie die finanzielle Ersparnis ebenfalls für wichtiger als die Schulpflicht halten, teils, weil sie sich über so »ehrliche« Eltern freuen, die die Schule – pro forma! – fragen. Oder sie sind auch der Meinung, in den letzten Tagen vor den Ferien finde nichts Wesentliches mehr statt. Dieser Ansicht kann man folgen, muss es aber nicht. Vor allem dann nicht, wenn man den eigenen Unterricht für wichtig hält, und zwar bis zur allerletzten Minute.

Kommen wir daher zu effektiven Gegenstrategien. Ihre erste Frage an den Vater sollte lauten: »Haben Sie die Reise denn schon gebucht?«, und dann könnten Sie ihn ganz genau beobachten.

Denn jetzt wird ihm schlagartig klar, dass Sie seine vermeintlich so geschickte Strategie durchschaut haben. Das bringt ihn in eine Zwickmühle – und das gönnen wir ihm, schließlich wollte er Sie reinlegen. Wie soll er antworten? Entweder er lügt (keine gute Idee), oder er gibt zu, bereits gebucht zu haben (auch nicht toll). Im ersten Fall könnten Sie sagen: »Wunderbar, dann kann Jerome ja bis zum letzten Tag die Schule besuchen. Wir üben nämlich ein paar ganz wichtige Sachen für die nächste Klassenarbeit.« Im zweiten Fall muss er Farbe bekennen und zugeben, sein Kind ohne die Genehmigung der Schule der Schulpflicht entziehen zu wollen.

Wie reagieren Sie in diesem Fall? Sie sind über 18 und leben in einem freien Land, können also tun und lassen, was Sie für richtig halten. Aber meiner Ansicht nach darf die Schule niemals so tun, als könne man auf ihren Besuch verzichten. Deshalb sollte Ihre Position immer sein:

**Ihr Unterricht ist so wichtig,
dass man besser keine Stunde davon versäumt.**

Falls andere Kollegen ohne langes Zögern Schüler für einen vorgezogenen Urlaub freistellen, weil sie ihren Unterricht für entbehrlich halten, so ist das deren Problem und nicht Ihres. Bleiben Sie ruhig bei Ihrer Haltung, denn *Ihr* Unterricht ist wichtig. Falls die vorgesetzte Schulleitung den Schüler freistellt und dadurch die Schulpflicht aushöhlt, so hat sie das vor ihrem pädagogischen Gewissen zu verantworten. Sie hingegen betonen, wie wichtig der Unterricht bei Ihnen ist. Schließlich sind wir nicht an der Universität, bei der es manchmal reicht, zwei oder drei Mal aufzutauchen und nur die Klausuren mitzuschreiben, um den begehrten »Schein« zu bekommen. Die Schule ist grundsätzlich anders.

Der Lernerfolg hängt hier vom Unterrichtsgespräch ab, vom Wechsel zwischen Lehrerfrage und Schülerantwort. Aber auch von Schülerfrage und Lehrerantwort. Und manchmal beflügeln sogar falsche Antworten einzelner Schüler den Lernerfolg der Gruppe ganz enorm, weil sie Missverständnisse klären. Dies alles belegt, dass ein Schüler nicht einfach ein paar Kopien durchlesen kann und damit den gleichen Erkenntnisstand hat wie sein Mitschüler, der im Unterricht anwesend war. Um der Forderung entgegenzutreten, für Jerome vorab Kopien anzufertigen, könnten Sie daher wie folgt argumentieren:

Vater: Deswegen sage ich es Ihnen ja schon jetzt. Wenn noch irgendetwas Wichtiges ansteht, können Sie ihm die Materialien ja mitgeben und er bearbeitet sie dann im Urlaub.
Lehrkraft: Ich weiß nicht, ob ich die Zeit finde, für Jerome spezielles Unterrichtsmaterial zusammenzustellen. Ich kann auch nicht genau vorhersagen, welches Material wir bearbeiten werden, während er fehlt. Das hängt ja auch von der Entwicklung des Unterrichts ab. Ich weiß nur, er würde wichtigen Stoff versäumen.

Machen wir uns doch nichts vor! Wer glaubt denn ernsthaft, Jerome würde im Urlaub am Strand von Mallorca die Kopien (die Sie mühsam zusammengestellt haben!) durcharbeiten? Ich nicht. Und auch Herr Bellmann glaubt es nicht, weil er es besser weiß. Mit seiner strammen Behauptung möchte er lediglich demonstrieren, wie sehr er und sein Sohn an der Schule interessiert sind. Denn damit ist ja – zumindest theoretisch – eine Kompensation des versäumten Unterrichts möglich.

Viele Eltern können Sie mittelfristig erreichen, indem Sie an folgende Überlegung anknüpfen: So wie fast alle Menschen im Leben zu den Gewinnern gehören möchten, wollen auch die meisten Eltern, dass ihr Kind erfolgreich ist. Dafür muss man jedoch – man kann es nicht oft genug wiederholen – anwesend sein. Denn wer fehlt, versäumt wichtige Dinge. Natürlich sichert nicht schon die bloße Präsenz eines Schülers den schulischen Erfolg. Aber jede Abwesenheit vergrößert die Wahrscheinlichkeit, den Anschluss zu verlieren und später schlechter abzuschneiden.

Sie wissen, als schlichter Mensch tendiere ich zum KISS-Prinzip (**k**eep **i**t **s**hort and **s**imple). Und so kann man ganz grob sagen: Die größere Hälfte des Erfolgs im Leben besteht darin, einfach immer da zu sein. Die kleinere besteht darin, sich anzustrengen.

Man mag es kaum glauben, wofür Schüler vom Unterricht freigestellt werden. Ich meine hier nicht den Kieferorthopäden, bei dem die Termine wirklich Wochen oder gar Monate vorher festgelegt werden müssen. Aber ob man Schüler für Fahrstunden, zum Ohrlochstechen oder zum Anprobieren eines Konfirmationskleides wirklich freistellen muss, erscheint mir mehr als fraglich.

Ein echtes Problem liegt darin, dass nicht der Schüler die Entscheidung über den vorgezogenen Urlaub trifft, sondern seine ökonomisch denkenden Eltern. Der Schüler hingegen muss (unverschuldet) die Folgen der bildungsfernen Haltung seiner Eltern tragen. Vielleicht wäre er sogar lieber in der Schule geblieben, als mit seinen Eltern in den Urlaub zu fahren. Wer weiß das schon? Falls Sie also Verständnis für Jerome haben und seine Versäumnisse auffangen wollen, könnten Sie dafür sorgen, dass er nach seiner Rückkehr aus dem Urlaub die Aufzeichnungen eines sorgfältigen Mitschülers bekommt. Bitte machen Sie nicht den Fehler, den Schüler bei seiner Rückkehr durch bissige Bemerkungen »vorzuführen« und innerhalb der Klasse zu isolieren. Begrüßen Sie ihn stattdessen herzlich, sobald er wieder da ist. Schließlich soll er merken, wie angenehm es ist, Teil der Schulgemeinschaft zu sein.

Alle Kenner der Schulpraxis wissen, dass Herr Bellmann mit seinem Satz: »In den letzten Stunden vor den Ferien läuft ja sowieso nichts mehr!« leider häufig Recht hat. Aber dieser Zustand ist hausgemacht, somit kann man ihn ändern. Gerade bei unserem Beispiel »Osterferien« lassen sich kurz vorher die Grundlagen für die nächste Klassenarbeit behandeln. Die werden nach den Osterferien noch einmal ganz rasch wiederholt, und dann geht es los. Sicher würde sich ein solches Verhalten bei den Eltern herumsprechen und hoffentlich zu einer anderen Einstellung führen. Denn nur wenn die Verantwortlichen der Schule, also Lehrkräfte und Schulleitung, den Schulbesuch ernst nehmen, werden sie auch von den Eltern ernst genommen.

2 Das ist doch nicht so schlimm

Die Situation

Die Osterferien im sonnigen Süden sind vorbei und die Kollegin Nass ist schwach gebräunt, aber stark erholt wieder in der Schule. Das ist auch der Grund, warum das folgende Gespräch ziemlich entspannt abläuft. Der Kollegin gegenüber sitzt Chantals Mutter, deutlich stärker gebräunt und aufwendiger frisiert als die Kollegin. Chantal, um die es gleich geht, ist Schülerin einer 8. Klasse, also knapp 14 Jahre alt.

Lehrkraft: Chantal muss zur Nacharbeitszeit, weil sie ihr Fahrrad auf den Platz für Lehrerfahrräder gestellt hat.
Mutter: Das ist doch nicht so schlimm. Sie war halt spät dran und wollte rechtzeitig zum Unterricht erscheinen.
Lehrkraft: Aber sie ist keine Lehrkraft.
Mutter: Ich finde es ungerecht, dass Schüler weiter zum Schulgebäude laufen sollen als Lehrer. Warum eigentlich?

Oder so:

Lehrkraft: Chantal gebraucht häufig unanständige Wörter im Unterricht.
Mutter: Das ist doch nicht so schlimm. Sie ist ja noch ein Kind.

Oder vielleicht doch so:

Lehrkraft: Chantal verhält sich mir gegenüber nicht angemessen.
Mutter: Wieso, was macht sie denn?
Lehrkraft: Immer, wenn sie etwas machen soll, seufzt sie laut und verdreht dabei die Augen.
Mutter: (ironisch) Das ist ja ganz schrecklich! Und solcher Kleinkram bringt Sie aus der Fassung?

Brechen wir an dieser Stelle die Dialoge erst einmal ab, um sie später in etwas anderer Form wieder aufzunehmen.

Die Absicht

Nimmt man die beiden Extreme, so kann man Verstöße zugeben oder leugnen. Letzteres ist allerdings schwierig, wenn die Verstöße offenkundig sind wie bei dem falsch abgestellten Fahrrad. Für diese, aber auch für andere Fälle bietet sich daher an, den Verstoß kleinzureden, ihn zu bagatellisieren. Genau das ist es, was viele Eltern gerne versuchen. Diese Strategie bietet gleich zwei Vorteile: Zum einen wird der Verstoß nicht geleugnet, aber als Bagatelle heruntergespielt, zum anderen wird die Lehrkraft, die ihn ahnden will, als übertrieben streng dargestellt. Denn selbst mäßig informierte Eltern haben inzwischen mitbekommen, dass ihnen der schulische Zeitgeist immer stärker entgegenkommt. Die meisten Lehrkräfte streben danach, modern, tolerant und nachsichtig zu erscheinen. Dieses Bestreben nutzen clevere Eltern natürlich für ihre Zwecke aus.

Ob etwas als »schlimm« eingeschätzt wird oder nicht, hängt vor allem davon ab, ob man selbst davon betroffen ist oder nicht. Wenn also Chantals Eltern ein fremdes Auto entdecken, das in der Einfahrt ihres Hauses parkt, so werden sie das vermutlich nicht mehr als Bagatelle empfinden. Wenn Chantals Fahrrad jedoch auf dem Platz für Lehrerfahrräder steht, ist das aus ihrer Sicht natürlich nicht schlimm, weil weder Chantal noch ihre Eltern durch das falsch geparkte Fahrrad irgendwelche Nachteile haben. Im Gegenteil, der Weg zu Schule verkürzt sich für das Mädchen, sie profitiert also von dem Verstoß. Vor diesem Hintergrund die Verstöße des Kindes grundsätzlich zu bagatellisieren, kann man den Eltern nicht verdenken. Schließlich sind sie nicht (wie Lehrkräfte) der Objektivität verpflichtet, sondern verstehen sich als Anwalt ihres Kindes.

Dabei glauben sie fälschlich, sie würden ihrem Kind etwas Gutes tun, indem sie versuchen, den Verstoß zu rechtfertigen, zu bagatellisieren. In Wirklichkeit untergraben sie nicht nur die Autorität der Schule, sondern geben ihrem Kind auch das trügerische Gefühl, etwaige Verstöße würden nicht nur jetzt, sondern auch in Zukunft toleriert. Und da dürfte es, spätestens nach dem Eintritt der Volljährigkeit, ein böses Erwachen geben. Deshalb sollte die Schule auf die Einhaltung von Regeln achten, und zwar auch bei Kleinigkeiten.

Die Gegenreaktion

Kein Schüler gibt die ihm zustehenden Rechte an der Schultür ab. Zu diesen Rechten gehört aber nicht, im Unterricht unanständige Wörter zu gebrauchen, bei Arbeitsaufträgen laut zu stöhnen und die Augen zu verdrehen oder das Fahrrad auf dem für Lehrkräfte reservierten Platz abzustellen. Mit dieser Ansicht bin ich hoffentlich nicht allein. Wenn die aufgezählten Verhaltensweisen der Schüler trotzdem stattfinden, so haben sie das Ziel, durch kleine Grenzverletzungen herauszufinden, wie viel man sich in der Schule erlauben darf.

Interessant ist allerdings zu beobachten, wie sehr es Schüler stört, sobald man in *ihren* Bereich eindringt, indem man z. B. die Arbeitsmaterialien für die Gruppenarbeit auf ihrem Tisch deponiert und dort die Stunde über liegen lässt. Und wie würde Chantal wohl reagieren, wenn man ihr falsch abgestelltes Fahrrad zum Bereich für Schülerräder transportieren und dort irgendwo abstellen würde? Man muss es ja nicht so machen wie ein mir bekannter Hausmeister, der dafür immer ein paar billige Kabelschlösser verfügbar hatte, mit denen er das Rad zusätzlich abschloss, damit sich die Schüler erst an ihn wenden mussten, um mit ihrem Rad wieder nach Hause fahren zu können. Es war erstaunlich, wie schnell das »Falschparken« aufhörte.

Nun aber wieder zum Wesentlichen, nämlich der Frage, wie man als Lehrkraft wirksam der »Nicht-so-schlimm-Strategie« der Eltern entgegentritt. Sind es sonst eher Schüler und Eltern, die auf absolute Gleichbehandlung pochen, um belastenden Maßnahmen zu entgehen, so ist jetzt die Situation gekommen, in der die Schule die »Gerechtigkeitskarte« aus dem Ärmel ziehen kann:

Lehrkraft: Chantal muss zur Nacharbeitszeit, weil sie ihr Fahrrad auf den Platz für Lehrerfahrräder gestellt hat.

Mutter: Das ist doch nicht so schlimm. Sie war halt spät dran und wollte rechtzeitig zum Unterricht erscheinen.
Lehrkraft: Aber sie ist keine Lehrkraft.
Mutter: Ich finde es ungerecht, dass Schüler weiter zum Schulgebäude laufen sollen als Lehrer. Warum eigentlich?
Lehrkraft: Sie werden verstehen, dass wir alle Schüler gleich behandeln müssen und keine Ausnahmen zulassen können. Sonst würde das sehr schnell einreißen.

Geschickt gewählt ist die Einleitung »Sie werden verstehen …«, weil sie unterstellt, die Mutter würde die Position der Schule verstehen. Viel wichtiger ist jedoch, dass die Lehrkraft auf die tückische »Warum-Frage« erst gar nicht eingeht, sondern auf die Gleichbehandlung abhebt. In diesem Punkt können Lehrkräfte etwas von Politikern lernen. Die beherrschen es nämlich perfekt, unbequeme Fragen zu ignorieren und stattdessen nur das zu sagen, was sie gerne vermitteln wollen. Und dabei sprechen sie in einem Tonfall, als würden sie genau auf die Frage antworten. Die Kunst besteht darin, ohne zu zögern und voller Überzeugung auf eine Fangfrage irgendetwas anderes zu entgegnen. Für Lehrkräfte ist das deshalb so schwierig, weil ihre berufliche Tätigkeit zu einem Großteil daraus besteht, auf jede Art von Frage eine zielgerichtete, sinnvolle Antwort zu geben. Trotzdem ist es ausgesprochen nützlich, nicht einmal ansatzweise auf unangenehme Fragen einzugehen.

Denn all diese Fragen und Bemerkungen zum Schluss wollen das Gespräch in eine bestimmte Richtung bringen und vom eigentlichen Thema ablenken. Im Grunde sind viele Strategien der Eltern geschickte Ablenkungsmanöver, vergleichbar mit einer Weiche für den Zugverkehr. Gehen Sie nur ansatzweise darauf ein, so ist die Weiche gestellt und Sie sind auf einer Schiene, von der Sie nicht mehr herunterkommen. Deshalb hat es sich bewährt, erst gar nicht auf diese Fragen und Bemerkungen einzugehen. So wie im nächsten Beispiel:

Lehrkraft: Chantal gebraucht häufig unanständige Wörter im Unterricht.
Mutter: Das ist doch nicht so schlimm. Sie ist ja noch ein Kind.

Lehrkraft: Wir versuchen, auch jungen Schülern ein angemessenes Verhalten im Umgang zu vermitteln. Ich gebe Ihnen gern noch einmal ein Exemplar unserer Schulordnung.

Auch hier wird auf das Argument »Sie ist ja noch ein Kind« überhaupt nicht eingegangen. Denn die Diskussion darüber, ob eine Achtklässlerin reif genug ist, um im Unterricht auf unanständige Wörter zu verzichten, könnte gut eine halbe Stunde füllen. Und man weiß ja gar nicht, ob man das will.

Bei Ihrer Gegenreaktion geht es inhaltlich zum einen darum, keine Ausnahmen zuzulassen (vgl. S. 82), zum anderen geht es um die Auswirkung vermeintlicher Kleinigkeiten. Damit kommen wir zum »broken window effect«, den Sie gerne den Eltern schildern dürfen, weil er nachvollziehbar deutlich macht, wie sinnvoll es ist, den Anfängen zu wehren. Worum geht es dabei?

In etlichen (amerikanischen) Großstädten hat man einen eigenartigen Effekt entdeckt: Leerstehende Gebäude blieben zuerst eine ganze Zeit lang unbeschädigt. Sobald jedoch das erste Fenster eingeworfen wurde, gab es kein Halten mehr. Ruckzuck wurden Dutzende von Fenstern eingeworfen. Das erste kaputte Fenster war das sichtbare Zeichen, dass sich niemand mehr um das Gebäude kümmert und es für Vandalismus freigegeben ist, sodass man also problemlos Scheiben einwerfen durfte.

> **Wehret den Anfängen!**
> **Schildern Sie den Eltern den Effekt des kaputten Fensters und sie begreifen (hoffentlich), worum es geht.**

Dieser beschriebene Effekt existiert – im übertragenen Sinne – auch in der Schule. Die Schüler beobachten sich nämlich gegenseitig sehr genau und verfolgen aufmerksam, ob ein Verstoß unangenehme Konsequenzen hat oder nicht. Und wenn Chantal ihr Rad auf dem Platz der Lehrerfahrräder ohne negative Folgen abstellen darf, ist das – gleiches Recht für alle! – eine indirekte Aufforderung für die anderen Schüler, es ihr gleichzutun. Schließlich ist der Schuleingang von dort aus wirklich zehn Meter näher.

Genau das ist ja auch der Grund, warum nur Lehrkräfte das riesige Privileg genießen, dort ihre Fahrräder abzustellen. Das Leben ist halt ungerecht. Dies ist eine nicht ganz unwichtige Erkenntnis für Chantal. Die zweite besteht darin, dass beschlossene Regeln das Miteinander reibungslos gestalten, allerdings nur, wenn sie von den Beteiligten auch eingehalten werden.

 Haben Sie das früher nicht gemacht?

Die Situation

Der Mai ist gekommen – und nicht nur die Bäume schlagen aus. Einige Schüler ebenfalls. Sie sind durch das frühlingshafte Wetter ziemlich aufgekratzt, necken und ärgern andere, wobei sie gelegentlich über das Ziel hinausschießen. Insbesondere Jerome tut sich damit hervor, Mitschüler körperlich zu attackieren. Und so hat der Kollege Sielje heute Jeromes Vater zu einem Gespräch gebeten. Dieser erscheint auch und sitzt entspannt und gut gelaunt dem Kollegen gegenüber. Es entwickelt sich folgendes Gespräch:

Lehrkraft: Herr Bellmann, Jerome hat heute einem anderen Schüler ein Bein gestellt, sodass der hingefallen ist und sich verletzt hat. Deshalb haben wir Jerome für morgen vom Schulbesuch ausgeschlossen.
Vater: Das ist doch völlig übertrieben! Haben Sie das früher nicht gemacht?

Oder wie wäre es hiermit?

Lehrkraft: Ich musste bei unserem Tagesausflug feststellen, wie Jerome mit ein paar anderen Alkohol getrunken hat.
Vater: Na und?

Lehrkraft: Ich habe die Schüler ausdrücklich darüber belehrt, dass Alkohol verboten ist und ein Verstoß dagegen Konsequenzen haben wird.
Vater: Sie sind vielleicht eine Spaßbremse! Haben Sie früher nicht heimlich getrunken?

An dieser Stelle könnte Peter Sielje sich die Frage stellen, wie Jeromes Vater eigentlich zu dieser Annahme kommt. Er könnte aber auch den Wunsch verspüren, bissig zu entgegnen:

Lehrkraft: Bei dem Vater ist es kein Wunder, dass Ihr Sohn sich bei jeder Gelegenheit betäubt.

Oder als Reaktion auf das erste Beispiel:

Lehrkraft: Wenn Sie diese Einstellung haben, ist es kein Wunder, dass Ihr Kind mit anderen so rücksichtslos umspringt.

Beides sollte Sielje nur denken, nicht aber laut äußern. Und wir hoffen für ihn, dass sein bissiger Gedanke nicht wie in einem Comic als große Blase über seinem Kopf erscheint. Mögliche bessere Antworten folgen gleich.

Die Absicht

Diese Strategie ist quasi eine Fortführung der vorigen (»Das ist doch nicht so schlimm«), allerdings mit einem kleinen, aber wichtigen Unterschied. Er besteht darin, indirekt eine Komplizenschaft mit dem Lehrer herzustellen. Gelingt dies den Eltern, so wird es für eine Lehrkraft fast unmöglich, den Verstoß des Schülers zu sanktionieren. Schließlich darf eine Krähe, um das Sprichwort zu erfüllen, der anderen kein Auge aushacken. Damit ist das angestrebte Ziel erreicht.

Der Trick besteht darin, nicht direkt zu verlangen, auf eine Sanktion zu verzichten. Das wäre viel zu plump. Vielmehr wird dem Lehrer schmeichelnd unterstellt, er selber sei früher ja auch kein kreuzbraver, lebensferner Strebertyp gewesen, sondern ein Jugendlicher, der wie alle »richtigen« Jugendlichen auch einmal über die Stränge geschlagen und etwas Verbotenes getan hat. Die Versuchung der Lehrkraft, diese Annahme unter vier Augen spontan zu bestätigen, ist sehr groß, weil damit scheinbar Anerkennung durch die Eltern verbunden ist. Allerdings sollte man sich darüber im Klaren sein, wie hoch der Preis dafür ist: Er beträgt nämlich Straferlass für das Fehlverhalten des Schülers. Denn wie will man jemanden bestrafen, der das Gleiche wie man selbst getan hat? Das ist nicht so einfach und nur über eine einzige Argumentation möglich, auf die wir gleich kommen.

> **Überlegen Sie sehr genau, ob es günstig ist,**
> **Schülern und Eltern gegenüber eigene Verstöße zuzugeben.**

Es mag ja sein, dass auch Sie in Ihrer Schulzeit ähnliche Verstöße begangen haben. Vielleicht haben Sie auf einer Tagesfahrt ebenfalls verbotenerweise Alkohol getrunken. Vermutlich hatten Sie Glück und wurden nicht ertappt. Bei unserem Beispielschüler ist dies jedoch anders. Er wurde nämlich erwischt, und deshalb muss sein Fehlverhalten belastende Konsequenzen haben. Hiermit den Eltern gegenüber zu argumentieren, ist allerdings mehr als schwierig. Denn der Schüler würde dann ja nicht bestraft, weil er etwas Verbotenes getan hat, sondern weil er – anders als Sie – zufällig das Pech hatte, dabei ertappt zu werden. So zu argumentieren ist also nicht geeignet, bei Schülern moralisches Verhalten aufzubauen, weil dadurch alles erlaubt wäre, solange man nicht dabei erwischt wird.

Die Gegenreaktion

Ihre Reaktion muss so angelegt sein, dass Sie den Verstoß des Schülers guten Gewissens sanktionieren können. Wenn Sie denn Ihre jugendlichen Verfehlungen zugeben wollen, um zu zeigen, wie cool Sie damals waren, könnten Sie wie folgt argumentieren:

Lehrkraft: Ja, ich habe so etwas ebenfalls gemacht. Aber auch ich bin dabei erwischt und natürlich bestraft worden. Und das war gut so.

Denn die Schule kann ein solches Verhalten natürlich nicht durchgehen lassen.

Auf diese Weise können Sie der elterlichen Argumentation begegnen, ohne auf eine Sanktion verzichten zu müssen. Das doppelte »natürlich« in der Erwiderung der Lehrkraft ist keine stilistische Schlamperei, sondern gezielt eingesetzt. Es soll den Eltern vermitteln, wie selbstverständlich eine Bestrafung ist, wenn man bei einem Verstoß ertappt wird.

Ihre zweite mögliche Gegenreaktion geht, wie schon so oft, gar nicht auf die tückische Frage ein, sondern ignoriert sie einfach:

Lehrkraft: Herr Bellmann, Jerome hat heute einem anderen Schüler ein Bein gestellt, sodass der hingefallen ist und sich verletzt hat. Deshalb haben wir Jerome für morgen vom Schulbesuch ausgeschlossen.
Vater: Das ist doch völlig übertrieben! Haben Sie das früher nicht gemacht?
Lehrkraft: Übermorgen kann er wieder zur Schule kommen.

Oder auch so:

Lehrkraft: Ich musste bei unserem Tagesausflug feststellen, wie Jerome mit ein paar anderen Alkohol getrunken hat.
Vater: Na und?
Lehrkraft: Ich habe die Schüler ausdrücklich darüber belehrt, dass Alkohol verboten ist und dass ein Verstoß dagegen Konsequenzen haben wird.
Vater: Sie sind vielleicht eine Spaßbremse! Haben Sie früher nicht heimlich getrunken?
Lehrkraft: Wir werden übermorgen eine Klassenkonferenz einberufen und entscheiden, ob Ihr Sohn mit auf die geplante Klassenfahrt darf.

Sie sehen, es ist gar nicht so schwierig. Sie müssen sich »nur« von dem Reflex lösen, jede an Sie gestellte Frage automatisch zu beantworten.

4 Zu Hause konnte sie das

Die Situation

Das Wetter wird immer besser, schließlich ist es inzwischen Juni. Die Schüler verbringen jede freie Minute in der Stadt, wo sie sich mit Freunden treffen, Eis essen und auf Parkbänken sitzen. Es liegt aber nicht nur am guten Wetter, dass Chantals Noten schlechter werden. Schon seit Längerem sind ihre Leistungen eher schwach, was vor allem an ihren schriftlichen Arbeiten liegt. Gerade an komplizierten Aufgaben scheitert sie immer wieder. Die Kollegin Anna Nass hat in einem Gespräch mit den Eltern bereits einige Vorschläge gemacht, wie Chantal das Problem in den Griff bekommen kann, und dazu Übungsliteratur empfohlen. Aber nichts scheint zu helfen, denn die nächste Klassenarbeit, die am letzten Montag geschrieben wurde, ist wieder nur eine knappe Fünf. Und so entwickelt sich das Gespräch zwischen der Kollegin Nass und der besorgten Mutter wie folgt:

Lehrkraft: Es tut mir leid, dass die letzte Arbeit von Chantal wieder unter dem Strich lag.
Mutter: Wir verstehen das nicht. Dann hat das ganze Üben ja gar nichts gebracht.
Lehrkraft: Wie hat sie denn für die Arbeit geübt?
Mutter: Sie hat sich das ganze Wochenende vor der Arbeit die Sachen nochmal angeguckt.
Lehrkraft: Mehr nicht?
Mutter: Wieso? Das reicht doch wohl. Wir haben das auch überprüft. Zu Hause konnte sie noch alles.

Die Absicht

In diesem Fall gibt es eigentlich keine bewusste Strategie der Mutter. Denn anders als viele Elterntypen in diesem Buch, die etwas vorgeben, von dem sie ganz genau wissen, dass es nicht stimmt, ist hier die Mutter ratlos. Sie glaubt wirklich das, was sie sagt. Leider löst es nicht das Problem.

Chantals Mutter will ihre Tochter entschuldigen, weil sie zu Hause doch bewiesen hat, den Stoff zu beherrschen. Offensichtlich gibt es in der Schule geheimnisvolle negative Kräfte, die das Gelernte verdrängen. Mit dieser Vermutung liegt sie gar nicht so falsch, denn natürlich ist die Situation im Klassenraum anders als die entspannte Atmosphäre am heimischen Herd (Stichwort »Wer wird Millionär?«). Auf dem heimischen Sofa ist nämlich der Stressfaktor deutlich geringer. Es gilt folglich, der Mutter zu verdeutlichen, dass es in der Schule *nicht* darum geht, Leistungen zu erbringen, z. B. eine Matheaufgabe zu lösen, so paradox das auch klingt.

Es geht immer darum, eine Aufgabe in einer bestimmten Zeit zu lösen.

Im Unterricht haben Schüler in der Regel nie beliebig viel Zeit, um ihre Aufgaben zu lösen, und bei Klassenarbeiten ist dieser Zeitdruck ganz besonders ausgeprägt. Das kann man verfluchen, was jedoch nichts an den Tatsachen ändert. Und wenn man an die Schule den Anspruch stellt, auf das wirkliche Leben vorzubereiten, dann ist dieser Zeitdruck gar nicht verwerflich, sondern realitätsnah. Schließlich müssen auch später fast alle Aufgaben unter Zeitdruck erledigt werden – es sei denn, man wird freischaffender Künstler.

Schüler wie Chantal sind also nicht belastbar genug, um unter dem Stress einer Klassenarbeit die Leistungen zu erbringen, die sie am Vorabend zu Hause noch beherrschten. Das ist zum einen der Fall, wenn die Kinder zu sehr in Watte gepackt werden, zu Hause oder auch in der Schule. Zum anderen liegt es daran, dass sie nicht richtig gelernt haben. Schauen wir uns einmal genau an, was Schüler in solchen Situationen sagen: »Ich hab mir das doch durchgelesen!« oder noch schlimmer »Ich hab mir das doch angeguckt«. Sie formulieren völlig zutreffend und bezeichnen damit präzise die Ursache für ihren geringen Lernerfolg. Es genügt eben nicht, sich etwas nur einmal durchzulesen oder nur anzuschauen. Ein solches »Lernen«, wenn man es denn überhaupt so nennen darf, hält bestenfalls ein paar Stunden vor, sicher aber nicht bis zum nächsten Tag. Und schon gar nicht ist das so »Gelernte« unter dem Stress einer Klassenarbeit abrufbar.

Dafür braucht es ein völlig anderes Lernen, und zwar eines, das man früher mit »büffeln« oder »pauken« bezeichnet hat und das – man mag es kaum sagen – mit *Anstrengung* verbunden ist.

Ja, Anstrengung. »Aber Lernen soll doch Spaß machen«, werden viele Eltern (und das Kultusministerium) entgegnen. Vorsicht! Dieser Satz wird oft und gerne missverstanden. Ja, es macht Spaß, wenn man feststellt, etwas endlich begriffen zu haben, etwas jetzt zu beherrschen. Das ist ein tolles Gefühl. Es ist so, wie auf einem Berggipfel zu stehen und ins weite Land zu schauen. Aber bis dahin ist es ein weiter Weg, und der ist mit Mühe, mit Anstrengung verbunden. Wer dies den Schülern verschweigt, der belügt sie nicht nur über die Schule, sondern auch über das Leben und darf sich nicht wundern, wenn die Schüler bei der geringsten Anstrengung gequält aufstöhnen.

Die Gegenreaktion

Eltern wie Chantals Mutter sind zutiefst verunsichert. Sie sind guten Willens, begreifen aber nicht, was schiefgelaufen ist. Das ist kein Vorwurf, da sie ja keine Experten für das Lernen sind. Woher sollen sie denn Kenntnisse über die aktuelle Gehirnforschung, den Ablauf von Lernprozessen oder die Vergessenskurve von Ebbinghaus haben? Folglich muss diesen Eltern geholfen werden, und zwar von den dafür zuständigen Experten, also von Ihnen. Eine effektive Entgegnung könnte wie folgt aussehen:

Mutter: Wir verstehen das nicht. Dann hat das ganze Üben ja nichts gebracht.
Lehrkraft: Wie hat sie denn für die Arbeit geübt?
Mutter: Sie hat sich das ganze Wochenende vor der Arbeit die Sachen nochmal angeguckt.
Lehrkraft: Mehr nicht?
Mutter: Wieso? Das reicht doch wohl. Wir haben das auch überprüft. Zu Hause konnte sie noch alles.

Lehrkraft: Das glaube ich Ihnen gerne. Aber wir können natürlich nur die Leistungen bewerten, die in der Schule unter Aufsicht erbracht werden.
Mutter: Und was muss sie da tun, um besser zu werden?
Lehrkraft: Sie muss belastbarer werden, damit sie auch unter Zeitdruck die Informationen abrufen kann. Dafür reicht es aber nicht, sich die Sachen nur anzuschauen, sondern ...

Und dann folgen die Ausführungen zum richtigen Lernen von oben, die ich hier jetzt nicht wiederhole. Die Eltern müssen begreifen: Die Noten der Schule können sich grundsätzlich nur auf das stützen, was in der Schule vor den Augen und Ohren der Lehrkraft erbracht wird. Und das ist – ich weiß nicht, ob es ein Trost für Chantal und ihre Mutter ist – im späteren Leben nicht viel anders. Denn auch dort zählen in der Regel nur die Leistungen, die vor den Augen des Vorgesetzten erbracht werden.

# Was kann er denn machen, um noch eine Vier zu kriegen?

Die Situation

Lassen wir das Schuljahr, das sich mittlerweile dem Ende zuneigt, einmal im Zeitraffer an uns vorüberziehen: Jerome hat beim Kollegen Sielje (Englisch) nicht nur die erste Klassenarbeit, sondern auch die zweite sowie alle Tests »unter dem Strich« geschrieben. Auch seine mündliche Mitarbeit hält sich sehr in Grenzen. Das, was er sagt, ist im Wesentlichen an seinen Banknachbarn, Sascha-Pascal, gerichtet. Und wenn er Fragen stellt, geht es meist darum, ob er auf die Toilette darf oder darum, wie spät es ist. Da dies in mehreren Fächern so ist, erhält er zum Halbjahr einen »blauen Brief«, der inzwischen gar nicht mehr blau ist, aber immer noch den Eltern die Gefährdung der Versetzung offiziell mitteilt. Kurz danach ist Elternsprechtag, zu dem Jeromes Eltern aber leider nicht kommen können. Um einen gesonderten Gesprächstermin bitten sie nicht, worüber Sielje nicht traurig ist. Im März entschließt er sich, die Eltern telefonisch zu kontaktieren, und erreicht auch tatsächlich jemanden. Die Eltern scheinen nicht sonderlich besorgt, denn Jerome habe ihnen ganz fest versprochen, er werde die Versetzung schon schaffen. Nach den Osterferien haben seine Arbeiten jedoch die gleiche Qualität wie davor, eine Besserung ist nicht in Sicht. Es ist Anfang Juni, und in jedem Fach steht nur noch eine Klassenarbeit aus. Müssten die Kollegen jetzt ihre Endnote bilden, so bekäme Jerome in mehreren Fächern glatte Fünfen und er müsste (wir befinden uns in einem »harten« Bundesland) das Jahr wiederholen.

Es ist Sonntagabend, 20.15 Uhr. Die Tatortmelodie erklingt gerade aus dem Fernseher, als das Telefon klingelt. Aus Reflex nimmt Sielje den Hörer ab und hat Jeromes Mutter am Ohr, die um einen Gesprächstermin bitte, und zwar möglichst bald. Wie wäre es morgen? Sielje freut sich, weil nicht sein Fernsehabend eingefordert wird, und sagt zu. Zeitsprung. Es ist Montagnachmittag im Schulgebäude, im Besprechungsraum der Schule, wo sich folgendes Gespräch entwickelt:

Lehrkraft: Schön, dass wir uns einmal sehen, Frau Bellmann.
Mutter: Ja, das finde ich auch. Am Elternsprechtag konnten wir leider nicht, denn wir haben immer so viel zu tun.
Lehrkraft: (denkt: Ich auch, aber ich hätte mir die Zeit genommen.) Aber jetzt sind Sie ja da.
Mutter: Jerome hat ja in letzter Zeit deutlich mehr getan. Das haben wir auch zu Hause gemerkt. Aber irgendwie kriegt er noch nicht die richtigen Noten.
Lehrkraft: Das stimmt, er hat immer noch erhebliche Lücken in Englisch. Und auch seine mündliche Beteiligung ist noch immer viel zu gering.
Mutter: Wirklich? Uns hat er gesagt, er beteiligt sich jetzt viel mehr.
Lehrkraft: Das kann ich für mein Fach noch nicht feststellen.
Mutter: Was kann er denn machen, um noch eine Vier zu kriegen?

Da haben wir sie, die Killerfrage. Ganz harmlos kommt sie daher, ist aber ausgesprochen raffiniert formuliert. Sie ist Sprengstoff, getarnt in einem Teddybären. Manchmal wird der letzte Satz noch verschärft, dann lautet er:

Mutter: Was kann er denn machen, um in Englisch eine Vier zu kriegen? Er braucht doch den Abschluss, um seinen Ausbildungsplatz zu bekommen.

Oder noch härter:

Mutter: Es liegt nur an Ihnen, wenn er seinen Abschluss nicht bekommt.

Das ist natürlich Unfug, was die Mutter auch weiß. Es liegt ausschließlich an Jerome, ob er den Abschluss bekommt, die Lehrkraft gibt lediglich die Note, die seinem Leistungsstand entspricht. Trotzdem stellt die Mutter es anders dar, und zwar aus einem nachvollziehbaren Grund: Aus dem gewünschten Schulabschluss leitet sie nicht Pflichten ihres Sohnes ab, sondern der Abschluss ist für sie ein Recht, das ihrem Sohn zusteht und wofür die Schule irgendwie sorgen muss.

Die Absicht

Fangen wir mit der Grundargumentation an, und da zählt jedes Wort. Interessant ist zunächst, wonach die Mutter *nicht* fragt. Zu diesem späten Zeitpunkt (85 Prozent des Schuljahres sind vorbei) wäre die logische Kernfrage eigentlich: »Kann er überhaupt noch eine Vier schaffen?« Das aber wird nicht gefragt. Vielmehr setzt die Mutter (unausgesprochen) die Vier als Endnote bereits voraus. Nur noch die Bedingungen dafür gilt es zu klären. Durch das Überspringen der Kernfrage soll der gedankliche Blick der Lehrkraft auf das »Wie« gelenkt werden. Es ist wie bei einem Zauberkünstler, der eine Hand demonstrativ ausstreckt, um die Blicke der Zuschauer auf sie zu lenken, damit er mit der anderen Hand unbemerkt etwas verschwinden lassen kann.

Der nächste Aspekt betrifft das kleine Wörtchen »denn«. Vergleichen Sie einmal die sprachliche Wirkung von:

Was kann er machen, um ...?

Was kann er *denn* machen, um ...?

Das kleine »denn« klingt angenehmer und nicht so förmlich, es bringt die ganze Angelegenheit auf eine eher lockere Ebene. Es ist der Schuss Weichspüler im letzten Spülgang, der Löffel Olivenöl in den Spaghetti, damit sie nicht zusammenkleben.

Wichtig ist auch die Wahl des Verbs. Die Frage lautet nicht: »Was *muss* er denn machen?« Denn das wäre härter und würde fast Unmögliches einschließen, also eine Antwort wie: »Tja, er müsste schon in der nächsten Arbeit eine Zwei schreiben.« Nein, die Frage lautet: »Was *kann* er denn machen?« Diese Formulierung fragt nicht nur nach einer Möglichkeit, sondern unterstellt zugleich, *dass* der Schüler etwas machen kann, um das Steuer noch herumzureißen. Darüber hinaus wird eingefädelt, dass die Lehrkraft als Bedingung für die Vier nur etwas nennen darf, was der Schüler auch tatsächlich leisten kann, was also realistisch ist.

Schließlich geht die Mutter unausgesprochen davon aus, Jerome könne mit nur einer einzigen guten Leistung in der Schlussphase alles davor Geleistete bzw. Nichtgeleistete ausgleichen. Ist das nicht toll? Fast das gesamte Schuljahr kann man an sich vorüberrauschen lassen, man braucht sich nur auf den letzten Metern ein wenig anzustrengen. Es ähnelt ein wenig dem »kalten Schlag« bei Würfelspielen mit mehreren Durchgängen. Wer dabei das letzte Spiel, das heißt den letzten Durchgang gewinnt, der soll alles gewinnen.

Dreimal dürfen Sie raten, wer so etwas vorschlägt: derjenige, der bislang erfolgreich war? Wohl eher nicht. Das ist der clevere Wunsch der bislang Erfolglosen. Ohne große Anstrengung, sondern nur mit ein wenig Glück lässt sich das Ziel doch noch erreichen. Ähnlich wie beim »kalten Schlag« möchten Eltern (oder Schüler) am liebsten nur eine einzige Sache hören, die ausreicht, um die bessere Note zu erhalten. Ob sie damit wohl durchkommen?

Die Gegenreaktion

Die Eltern möchten verhandeln, das ist ihr gutes Recht. Für sie zählt nur die Versetzung ihres Kindes, notfalls auch mit schwachen Noten. Diese nehmen sie leichten Herzens in Kauf, weil ihnen ihr Kind natürlich hoch und heilig versprochen hat, sich im kommenden Jahr richtig anzustrengen. Folglich springen sie für ihr Kind in die Bresche und fragen, was es denn tun kann, um noch eine Vier zu kriegen.

Sobald Sie durchschaut haben, dass die Eltern bei dieser Strategie eigentlich nur eine einzige Leistung als Bedingung hören wollen, finden Sie schnell ein wirksames Gegenmittel. Legen Sie die Latte Ihrer schulischen Anforderungen nicht zu niedrig, indem Sie Ihre Vieren einfach verschenken.

> **Lassen Sie sich nicht den »kalten Schlag« aufdrängen, sondern arbeiten Sie mit dem Ankereffekt!**

Überlegen Sie zunächst, ob Sie überhaupt bereit sind, dem Schüler wegen einer Leistung, die er fünf vor zwölf erbringt, noch eine Vier zu geben. Falls nicht, sagen Sie der Mutter offen, jetzt sei es leider zu spät, um das Ruder noch herumzureißen. Schließlich zählt bei schulischen Leistungen das gesamte Jahr und nicht nur der letzte Monat. Die Leistungen (oder Nichtleistungen), die über das Jahr erbracht wurden, ähneln einem Riesentanker, der seit geraumer Zeit mit voller Kraft auf eine Hafenmauer zufährt. Die Kollision eines solchen Tankers kann man auch nicht verhindern, indem man erst kurz vor der Mauer den Rückwärtsgang einlegt.

Aber selbst wenn Sie eine Vier zum Jahresende noch für möglich halten, ist es günstiger, das nicht einfach so zu sagen. Denken Sie daran: Es wird verhandelt! Und dabei ist es ratsam, sich nicht über den Tisch ziehen zu lassen. Falls Sie hier zu schnell nachgeben, müssen Sie Jerome unter Umständen für ein mittelmäßiges Referat noch eine Vier geben und damit rechnen, dass sich dies in Windeseile unter Eltern (und Schülern) herumspricht. Als erste Entgegnung ist folglich sinnvoll:

Mutter: Was kann er denn machen, um noch eine Vier zu kriegen?
Lehrkraft: Ich weiß gar nicht, ob das überhaupt noch möglich ist. Denn schließlich geht es ja um die Note für das gesamte Jahr und nicht nur für den letzten Monat.

Durch diese Entgegnung haben Sie gleich mehrere Vorteile: Zum einen haben Sie Zeit zum Nachdenken gewonnen. Das ist nicht zu unterschätzen. Zum zweiten haben Sie, wie die Psychologen sagen, einen »Anker« gesetzt, womit wir einen kleinen Exkurs zum sogenannten Ankereffekt einleiten. Warum verlangt denn der Teppichhändler im orientalischen Basar zu Beginn einen völlig überhöhten Preis? Weil er ein gewiefter Verkäufer ist und um den Ankereffekt weiß.

Was heißt das? Der erstgenannte Preis für den Teppich setzt sich wie ein Anker im Gehirn des potenziellen Käufers fest. Man kann sich einfach nicht dagegen wehren: Immer wieder taucht dieser Preis, an dem sich die folgenden Angebote orientieren, als Ausgangsgröße auf. Und so zahlen fast alle Käufer letztlich mehr, als für den Teppich angemessen wäre. Trotzdem gelingt es dem Teppichhändler, dem Kunden das Gefühl zu vermitteln, er habe einen guten Kauf gemacht. Wie schafft er das? Zum einen, indem er sich runterhandeln lässt, zum anderen dadurch, dass er dem Kunden das Gefühl gibt, auf seiner Seite zu sein.

Nun wieder zurück zur möglichen Vier auf dem Zeugnis. Durch den Zweifel, ob eine Vier überhaupt noch möglich ist, haben Sie den Anker ganz dicht an Ihre hohe Leistungsanforderung gesetzt. Die Gegenseite weiß: Sie muss jetzt schon eine ganze Menge bieten, damit eine Vier auf dem Zeugnis stehen könnte. Deshalb könnte das Gespräch sich wie folgt entwickeln:

Lehrkraft: Ich weiß gar nicht, ob das überhaupt noch möglich ist.
Mutter: Ich versteh schon, dass das schwierig wird. Aber wodurch könnte er denn die Leistungen des ersten Halbjahres ausgleichen?
Lehrkraft: Wir reden ja nicht nur über das erste Halbjahr, sondern fast über das gesamte Schuljahr. Um all seine schwachen Leistungen auszugleichen, müsste Jerome sich schon enorm anstrengen. Ein einfaches Referat reicht da natürlich nicht mehr.

Gut gemacht! Denn damit haben Sie der Mutter, die auf die leichteste Lösung gehofft hatte: ein Referat (von Wikipedia), den Wind aus den Segeln genommen. Zudem haben Sie durch das beiläufig eingestreute »natürlich« unterstrichen, wie unbestreitbar Ihre Position ist. Da die Mutter gleich die Frage nach den konkreten Bedingungen stellt, sollten Sie sich mindestens zwei, besser noch drei Dinge überlegen, die Jerome erfüllen muss. Schauen wir mal, wie es weitergeht:

Lehrkraft: Ein einfaches Referat reicht da natürlich nicht mehr.
Mutter: Das ist schon klar. Aber was müsste er denn bringen?
Lehrkraft: Also, zunächst dürfte die letzte Klassenarbeit keine Fünf oder knappe Vier sein. Er müsste schon eine glatte Vier oder noch besser schreiben. Dann müsste er eine fast fehlerfreie Berichtigung der letzten Arbeit abliefern, und zwar termingerecht. Und er müsste mir ein sauber geführtes Englischheft vorlegen, in dem alle Stunden festgehalten sind.
Mutter: Puh! Das ist aber eine Menge.
Lehrkraft: Richtig. Aber er will ja auch mit einem Schlag alle schwachen Leistungen des gesamten Jahres aufheben. Dafür muss er bei mir richtig arbeiten.

Falls die Mutter stöhnt, machen Sie es wie der Teppichhändler: »Dieser Teppich kostet zwar etwas mehr, hält aber viel länger.« Das heißt, »verkaufen« Sie die Bedingungen, die Sie dem Schüler auferlegen, als indirekten Gefallen. Verdeutlichen Sie, wie Sie Jerome durch die geforderten Zusatzleistungen helfen, seine Lücken zu schließen. Falls Sie später bei Ihrer Maximalforderung ein paar Abstriche machen, weil Sie sehen, dass der Schüler sich wirklich enorm angestrengt, die Berichtigung aber dennoch nicht fehlerfrei hinbekommen hat, verlieren Sie dadurch nicht Ihr Gesicht. Man wird Ihnen anrechnen, dass Sie auch einmal ein Auge zudrücken können. Aber Sie haben Eltern und damit auch Schülern nachdrücklich klargemacht: Bei Ihnen werden keine Noten verschenkt oder zum Last-Minute-Preis verramscht, nicht einmal die Vieren.

6   Können Sie nicht mal eine Ausnahme machen?

Die Situation

Die Sommerferien stehen kurz bevor. Im neuen Teil des Schulgebäudes ist es manchmal so warm, dass man kaum noch konzentriert arbeiten kann. Aber das tut sowieso keiner mehr. Es wird zusammen gefrühstückt, gespielt, oder es werden Filme angeschaut, wobei die Auswahl schwierig ist. Die populären spannenden oder lustigen Filme kennen die Schüler schon, die anspruchsvolleren finden sie langweilig. Aber es hilft nichts, da muss man durch. Die Schüler ertragen die optische Berieselung mit großer Gelassenheit. Denn die Alternative wäre erheblich unangenehmer: Unterricht.

An der Schule unserer Kollegin Nass gibt es die sinnvolle Regel: Jeder, der nicht Schüler oder Lehrer ist, muss sich erst im Sekretariat melden. Darüber sind nicht nur alle Eltern informiert worden, sondern es hängt auch ein großes Schild unübersehbar an der Eingangstür. Die Mutter von Jerome kennt nicht nur die Regelung, sondern nimmt auch das Schild wahr, ignoriert es aber. Schnurstracks geht sie zum Klassenraum ihres Kindes, macht (ohne zu klopfen) die Tür auf und tritt ein.

Mutter: Ich bin gekommen, um Jerome sein Pausenbrot zu bringen. Das hat er nämlich vergessen.
Lehrkraft: Unsere Schulordnung sieht vor, vergessene Sachen der Schüler im Sekretariat abzugeben.
Mutter: Aber es geht doch viel schneller, wenn ich es ihm direkt bringe.
Lehrkraft: Wir möchten nicht, dass Personen, die wir nicht kennen, einfach durch das Gebäude laufen.
Mutter: Aber Sie kennen mich doch. Können Sie nicht mal eine Ausnahme machen?
Lehrkraft: Na gut.

Es lohnt sich, in Ruhe darüber nachzudenken, ob man in solchen Fällen eine Ausnahme zulassen würde. Denn dies ist nur die Spitze des Eisbergs, dessen wahre Größe gleich sichtbar wird.

Die Absicht

In einigen unserer Fallbeispiele ist die Strategie der Eltern so raffiniert versteckt, dass man sie leicht übersieht. Hier jedoch tritt sie offen zutage und wird auch ganz klar genannt: Es soll eine Ausnahme von der Regel zugelassen werden. Für diesen Wunsch führen die Eltern fast immer eine Begründung an, die mehr oder weniger einleuchtend ist. Im obigen Beispiel war es die Zeitersparnis, damit Sohnemann sein vergessenes Pausenbrot gleich zum Beginn der Pause verzehren kann. Die Arten der Begründung sind vielfältig, spielen aber eigentlich keine Rolle, weil es gar nicht darauf ankommt, ob die Begründung schlüssig ist. Entscheidend ist nur, ob eine Begründung abgegeben wird.

Damit kommen wir zu einem erstaunlichen Experiment, das man vor Jahren durchgeführt hat. Man suchte sich eine Schlange von Menschen, die vor einem Kopierer warteten. Im ersten Fall bat die Testperson die Wartenden einfach nur darum, vorgelassen zu werden. Der Erfolg war ausgesprochen gering. Kaum jemand ließ den Betreffenden vor. Im zweiten Durchgang bat die Testperson wieder darum, vorgelassen zu werden, jetzt allerdings mit der Begründung »weil ich es eilig habe«. Nun ist die Begründung, es eilig zu haben, nicht wirklich überzeugend. Denn die meisten Wartenden wollten möglichst schnell ihre Kopien anfertigen, hatten es also ebenfalls eilig. Trotzdem hatte die »Begründung« eine erstaunliche Wirkung: Mehr als doppelt so viele Menschen ließen jetzt die Testperson vor, weil sie ja eine Begründung lieferte.

Das zeigt: Selbst die unsinnigste Begründung entfaltet eine Wirkung. Mein Rat: Schauen Sie sich genau an, wie tragfähig die vorgetragene Begründung ist und ob sie wirklich ausreicht, um von einer aufgestellten Regel abzuweichen. Selbstverständlich sind Fälle denkbar, in denen es gerechtfertigt ist, einmal eine Ausnahme zu machen. Das vergessene Pausenbrot gehört aber mit Sicherheit nicht dazu. Anderenfalls wären so viele Ausnahmen zulässig, dass die aufgestellte Regel zur Farce würde. An manchen Schulen ist dies leider so. Zwar gibt es z. B. eine beschlossene Regelung über das Trinken im Unterricht, aber faktisch ist sie außer Kraft gesetzt, weil so viele Kollegen immer wieder Ausnahmen zulassen.

Clevere Eltern wissen ganz genau: Viele Lehrkräfte haben große Schwierigkeiten, Nein zu sagen. Sie wollen nett und keine sturen Bürokraten, sondern verständnisvolle Menschen sein. Das ist nachvollziehbar, hat allerdings auch negative Konsequenzen. Denn durch das Gewähren einer Ausnahme demonstriert man als Lehrkraft zwar seine Autorität, höhlt aber zugleich die Regel aus. Das macht es nicht nur für andere Kollegen schwieriger, die Regel durchzusetzen, man hat es auch selbst in Zukunft schwerer, sich auf Regeln zu berufen und sie durchzusetzen.

Die Gegenreaktion

Wie begegnet man nun wirkungsvoll der Bitte um eine Ausnahme? Da es schwierig ist, schlechte Nachrichten zu überbringen oder einen Wunsch abzuschlagen, sollte man sich vorher überlegen, wie man das geschickt verkauft. Dafür ist es hilfreich, sich klarzumachen: Der Wunsch nach einer Ausnahme verschafft dem Betreffenden regelmäßig einen Vorteil. Kein Schüler, kein Elternteil würde jemals darum bitten, schlechter gestellt zu werden. Es geht also (wieder einmal) um die Frage der Gleichbehandlung bzw. um die Frage, ob es wirklich notwendig ist, die Fragenden zu bevorzugen. Falls Sie das verneinen, sollten Sie ihnen aufzeigen, welche Folgen das Zulassen von Ausnahmen haben kann.

Was wäre, wenn alle Eltern einfach so in den Klassenraum platzen würden, um ihren Kindern die vergessenen Sachen zu bringen? Und wenn Chantals Eltern fragen, ob die Tochter ihren Hund mit zur Schule bringen darf, sollten Sie weiter denken. Was wäre, wenn dann alle Schüler ihre Haustiere mit zur Schule bringen möchten? Denn wenn Sie es Chantal erlauben, mit welchem Grund wollen Sie es dann Jacqueline oder Sharleen verbieten?

Vielleicht werden die Eltern Ihre ablehnende Entscheidung nicht sonderlich schätzen, aber die meisten werden dieses Argument im Prinzip akzeptieren, wenn Sie ihnen die Folgen vor Augen führen. Einige wenige werden bei der Konsequenz, alle Kinder ihr Haustier mitbringen zu lassen, entgegnen: »Das ist doch toll! Warum denn nicht?« Aus Sicht der Eltern stimmt das natürlich, weil nicht sie die Probleme damit haben, sondern Sie, die Lehrkraft.

Sehen Sie nicht nur den Einzelfall, sondern fragen Sie sich: Was wäre, wenn alle das wollten? Ausnahmen gibt es nur über Atteste oder amtliche Bescheinigungen.

Selbstverständlich gibt es Fälle, in denen begründete Ausnahmen vorliegen, z. B. wenn ein Schüler ernste Rückenprobleme hat und sich nach langem Sitzen auf den Boden legen muss, um seine Wirbelsäule zu entlasten. Diese Ausnahmen müssen jedoch begründet bzw. medizinisch attestiert sein. Der simple Wunsch der Eltern oder gar des Schülers reicht hierfür nicht aus. Anderenfalls müssten wir damit rechnen, in jeder Klasse etwa 60 Prozent Schüler mit »Rückenproblemen« zu haben, weil es nämlich ausgesprochen cool ist, sich zwischendurch auf den Boden zu legen.

Falls es also um Ausnahmen von schulischen Regeln geht, sagen Sie grundsätzlich erst einmal Nein, natürlich in netter Form. Greifen wir dafür den Eingangsdialog wieder auf und bringen ihn zu einem anderen Ende:

Mutter. Ich bin gekommen, um Jerome sein Pausenbrot zu bringen. Das hat er nämlich vergessen.
Lehrkraft: Das geht leider nicht, denn unsere Schulordnung sieht vor, vergessene Sachen im Sekretariat abzugeben.
Mutter: Aber es geht doch viel schneller, wenn ich es ihm direkt bringe.
Lehrkraft: Wir möchten nicht, dass Personen, die wir nicht kennen, einfach durch das Gebäude laufen.

Mutter: Aber Sie kennen mich doch. Können Sie nicht mal eine Ausnahme machen?
Lehrkraft: Das lässt unsere Schulordnung leider nicht zu. Bringen Sie das Brot bitte ins Sekretariat. Jerome wird es sich dort in der Pause abholen.

Die Mutter wird sich vermutlich darüber aufregen, wie unflexibel Sie sind. Aber was soll's? Zum einen kann man nicht einfach Ihren Unterricht unterbrechen. Das dürften höchstens der Schulleiter oder die Sekretärin (in seinem Auftrag). Zum anderen sind Regeln dazu da, eingehalten zu werden. Und falls die Mutter anderen Eltern von diesem »unerhörten« Vorfall berichtet, kann Ihnen das nur Recht sein. Denn jetzt wissen auch andere Eltern, dass Sie grundsätzlich keine Ausnahmen von den vorgegebenen Regeln zulassen.

Die Geschmeidigen

Die Eltern dieser Gruppe sind deutlich geschickter als diejenigen, die über Drohungen versuchen, ihr Ziel zu erreichen. Häufig sind sie akademisch gebildet oder in »weicher« Gesprächsführung geschult. Sie ähneln guten Schachspielern, die in der Lage sind, mehrere Züge im Voraus zu planen. Deshalb merkt man manchmal leider erst zu spät, dass man in eine geschickt platzierte Falle getappt ist. Zu Beginn des Gesprächs weiß man oft noch nicht, was die Eltern eigentlich wollen. Denn die ersten Sätze sind allgemein, harmlos, manchmal sogar schmeichelhaft und erzeugen eine angenehme Grundstimmung. Gleichwohl hat man als erfahrene Lehrkraft das Gefühl, dass da noch etwas anderes kommen wird. Und richtig, das eigentliche Anliegen wird präsentiert, sobald die Lehrkraft den geistigen Schutzschild sinken lässt.

Also Vorsicht! Alle Eltern, die mit Ihnen reden, wollen etwas von Ihnen. Niemand opfert eine Stunde seines freien Nachmittags und bittet um einen Gesprächstermin, nur um Ihnen zu sagen, wie gut Sie sind. Deshalb ist es ratsam, sich sehr genau zu überlegen, was man sagt. Jedes Wort zählt und wird einem im Bedarfsfall später vorgehalten. Aber nicht nur bei der eigenen Wortwahl gilt es aufzupassen, sondern ebenso bei dem, was man zu hören bekommt. Bei diesen Eltern gibt es kein belangloses Geplauder, jedes Wort ist ein Steinchen, das den Weg zum angestrebten Ziel pflastert. Es geht folglich darum, möglichst früh zu erahnen, worauf der Betreffende hinauswill. Solange man das nicht erkennt, ist größte Vorsicht geboten.

 Ich glaube, Sie haben da was übersehen

Die Situation

Das neue Schuljahr hat begonnen und Peter Sielje hat Glück, so meint er zumindest. Er hat nämlich eine leistungsstarke Klasse mit sehr engagierten Eltern bekommen. Am Elternabend sind tatsächlich fast alle Schüler durch ihre Mütter vertreten, von einigen ist sogar der Vater mitgekommen. Auch die Fragen zur Unterrichtsplanung des Jahres sind präzise und zielgerichtet und machen deutlich: Die meisten Eltern sind ausgesprochen gut informiert. Sie wissen nicht nur, was verbindlich vorgeschrieben ist und was nicht, sondern kennen auch die einschlägigen Erlasse zu Hausaufgaben und Leistungsbewertung.

Bei dieser Erkenntnis beginnt Kollege Sielje allerdings daran zu zweifeln, ob er mit seiner Klasse und deren Eltern wirklich das große Los gezogen hat. Seine Zweifel bestätigen sich, als er ein paar Tage später von Frau Schulte-Overbeck, Alexanders Mutter, um ein Gespräch gebeten wird. Gepflegt sieht sie aus mit ihren halblangen Haaren. Sie trägt Pennyloafer, einen beigefarbenen Rock und eine dunkelblaue Bluse, auf der ein kleiner Polospieler zu erkennen ist, dazu über der Schulter eine Burberry-Tasche, vermutlich eine echte. Sielje ist beeindruckt und fühlt sich in seiner nicht mehr ganz neuen Jeans und dem ausgewaschenen Pullover etwas unwohl, was seine Situation nicht einfacher macht. Denn jetzt legt Mutti los:

Mutter: Herr Sielje, Alexander hat mir erzählt, was für einen tollen Unterricht Sie machen, aber ich glaube, Ihre Arbeitsblätter sind nicht optimal.
Lehrkraft: Wie kommen Sie darauf?
Mutter: Ich habe mal ein wenig im Internet recherchiert.
Lehrkraft: (denkt: Und ich habe etliche Semester recherchiert.) Und?
Mutter: Es gibt da seit einiger Zeit eine neue Methode, die Sie vielleicht noch nicht kennen, die aber deutlich effektiver ist, um Schülern die Grammatik zu vermitteln. Ich hab das mal für Sie ausgedruckt, damit Sie sich informieren können.
Lehrkraft: Danke, ich sehe es mir zu Hause an.
Mutter: Sehr schön. Ich rufe Sie dann in ein paar Tagen an und wir schauen mal, wie wir das in der Klasse umsetzen können.

Oder kommt Ihnen das bekannt vor?

Mutter: Alexander war so enttäuscht, als er in der letzten Arbeit nur eine Drei bekam.
Lehrkraft: Das tut mir leid.
Mutter: Er hat die Aufgabenstellung nicht verstanden. Die war wohl nicht so klar.
Lehrkraft: In welcher Hinsicht?
Mutter: Einiges war missverständlich formuliert. Und es war auch ein Rechtschreibfehler im Text, den Sie wohl übersehen haben. Das hat Alexander ganz verwirrt.
Lehrkraft: Geht's noch? Der Rechtschreibfehler soll der Grund für die Drei gewesen sein? Das glauben Sie doch selbst nicht!

Halt! Sie dürfen den letzten Satz gerne denken, aber auf keinen Fall sagen, vor allem nicht bei diesem Typ von Mutter. Die schlägt nämlich nicht mit dem Vorschlaghammer zu, sondern arbeitet mit dem feinen Uhrmacherschraubenzieher, und zwar so geschickt, dass Sie kaum begreifen, warum Sie auf einmal anders ticken.

Ich muss hier ergänzen: Es gab tatsächlich einen Rechtschreibfehler (Buchstabendreher) in der Aufgabenstellung, der jedoch nicht zu irgendwelchen Missverständnissen führen konnte. Davon abgesehen hatten alle Schüler die Aufgabenstellung, die im Unterricht genauso geübt wurde, richtig verstanden. Kurz: Um hier eine unklare Formulierung anzunehmen, muss man sich schon ganz schön anstrengen. Dies jedoch macht die Mutter, um auf die sanfte Tour immer mehr Punkte zu sammeln.

Wollen wir die Mutter noch einen Tick raffinierter werden lassen? Na gut:

Mutter: Alexander hat gesagt, Sie kümmern sich besonders intensiv um problematische Schüler.
Lehrkraft: (geschmeichelt) Ja, das stimmt.
Mutter: Das ist doch bestimmt recht anstrengend und kostet eine Menge Zeit.
Lehrkraft: (immer noch geschmeichelt, aber etwas stutzig) Ja, das ist richtig.
Mutter: Vielleicht hat Alexander deshalb beim letzten Test so schlecht abgeschnitten. Er hat nämlich erzählt, Sie hätten sich fast nur um Jerome und Sascha-Pascal gekümmert, aber nicht um ihn.
Lehrkraft: Das stimmt so nicht.
Mutter: Sollten nicht alle Schüler gleich viel Zeit und Aufmerksamkeit bekommen?

Und jetzt hat Frau Schulte-Overbeck den Kollegen Sielje da, wo sie ihn haben will! Durch die ersten beiden schmeichelnden Schachzüge hat sie ihn ganz sanft in eine Ecke geschoben, die ihr entgegenkommt. Denn fast alles, was Sielje jetzt sagt, kann zu seinem Nachteil ausgelegt werden.

Oder wie finden Sie das?

Mutter: Das letzte Fußballspiel gegen die Nachbarschule war doch richtig spannend, oder?
Lehrkraft: Ja, das stimmt. Obwohl wir verloren haben.

Mutter: Ja, wenn Jerome nicht dieses böse Foul begangen hätte, wäre es vielleicht anders ausgegangen.
Lehrkraft: Das ist richtig, aber Jerome ist sonst ein Spitzenfußballer.
Mutter: Das mag ja sein. Aber ist es nicht wichtiger, fair zu spielen?
Lehrkraft: Natürlich ist das für uns wichtig.
Mutter: Deshalb verstehe ich nicht, warum man Alexander nicht in die Mannschaft genommen hat. Er spielt vielleicht nicht ganz so gut wie dieser Jerome, aber er spielt wenigstens fair.

Damit ist Alexanders Mutter wieder am Ziel und hat dabei noch argumentativ wichtige Punkte gesammelt. Denn wer will öffentlich behaupten, gewinnen sei wichtiger, als fair zu spielen? Wie kommt man aus dieser Zwickmühle wieder heraus oder vermeidet, in sie hineinzugeraten? Das folgt nach der Analyse der Strategie.

Die Absicht

Schauen wir uns an, wie die Mutter vorgeht. Sie ist intelligent und hat Geduld. Damit gleicht sie einem guten Schachspieler, der mindestens fünf Züge vorausdenken kann. Wer nur isoliert den momentanen Zug sieht und nicht die Optionen, die durch ihn eröffnet werden, der merkt zu spät, wie der eigene König bereits indirekt bedroht ist. Diese Art von Eltern will nicht einfach nur plaudern, dessen muss man sich bewusst sein. Jede ihrer Äußerungen, vor allem wenn sie auf den ersten Blick positiv erscheinen, ist ein argumentativer Rösselsprung: Zunächst geht es zwei Felder nach vorne, dann aber unerwartet schräg zur Seite.

Das Selbstverständnis dieser Eltern beruht auf ihrer Intelligenz, um die sie ganz genau wissen. Sie sind ausgesprochen aufmerksam und entdecken winzigste Details, sobald es um ihr Kind geht. Zur Durchsetzung ihrer Strategie fallen solche Eltern deshalb nicht plump mit der Tür ins Haus, sondern sammeln kleine Fehler, Ungereimtheiten oder Ungeschicklichkeiten, die jedem in der Schule zwangsläufig passieren.

Diese halten sie der Lehrkraft vor und erzeugen so ein schlechtes Gewissen, das die Lehrkraft dazu bringen soll, Zugeständnisse bei ihrem Kind zu machen, um die begangenen »Fehler« wettzumachen und wieder ein gutes Gewissen zu haben.

Der Hinweis auf einen Fehler, den solche Eltern in detektivischer Kleinarbeit gefunden haben, ist in der Regel mehr als nur eine hilfreiche Sachinformation. Vielmehr steckt hinter dem Nachweis, wie gründlich man als Elternteil hinschaut, auch die indirekte Drohung, noch einmal oder auch mehrmals besonders gründlich hinzuschauen, falls sich die Lehrkraft in Bezug auf das Kind nicht kooperativ zeigt. Dabei beginnen die Äußerungen solcher Eltern häufig als »Türöffner« mit dem Gegenteil dessen, was sie tatsächlich wollen:

Mutter: Ich will Sie ja nicht kritisieren, aber ...
Mutter: Ich will Ihnen ja nicht in Ihre Arbeit reinreden, aber ...

Natürlich will die Mutter kritisieren, natürlich will sie in die Arbeit hineinreden. Das jedoch weist sie mit dem Einleitungssatz weit von sich, um die Lehrkraft in den Wohlfühl-Modus zu bringen. Sie soll sich in Sicherheit wiegen und nicht ständig auf der Hut sein. Also Vorsicht! Alles vor dem »aber« ist nur der Türöffner, danach kommt das Wesentliche.

Die Gegenreaktion

Die Eltern dieser Gruppe fliegen unterhalb des pädagogischen Radars und sind deshalb auf Anhieb kaum zu erfassen. So bemerkt man meist erst zu spät, wie sie in den eigenen Luftraum eingedrungen sind und diesen bereits dominieren. Solche Eltern entstammen nicht bildungsfernen Schichten, meist handelt es sich um Akademiker. Sie wissen, wie intelligent sie sind – und das sollen alle anderen auch erkennen. Manchmal neigen sie dazu, Ihnen sehr gute oder schlechte Bewertungen zu präsentieren, die Sie bestätigen sollen. Hier ist Vorsicht geboten. Sichern Sie sich argumentativ ab, indem Sie relativieren und sich grundsätzlich »in der Mitte« positionieren, sobald Ihnen solche Einschätzungen vorgelegt werden.

Relativieren Sie vorsorglich alles, was Sie bestätigen sollen.

Wenn Sie also bestätigen sollen, Sie würden sich besonders intensiv um schwache Schüler kümmern, dann könnten Sie entgegen, auch die anderen würden bei Ihnen natürlich nicht vernachlässigt. Wenn Sie bejahen sollen, Sie würden die starken Schüler besonders fördern und fordern, könnten Sie betonen, dass Sie die schwachen Schüler dabei selbstredend nicht vernachlässigen. Wenn Sie bestätigen sollen, das letzte Schulkonzert sei ganz toll gewesen, dann könnten Sie feststellen, es habe allerdings auch ein paar Schwächen gegeben. Wenn Sie bejahen sollen, das letzte Schulkonzert sei außerordentlich schwach gewesen, könnten Sie herausstellen, welch gute Aspekte es ebenfalls gab.

Durch diese Gegenstrategie demonstrieren Sie nicht nur, wie differenziert Sie denken und urteilen, sondern Sie lassen sich zugleich ein Hintertürchen offen, durch das Sie im Bedarfsfall schlüpfen können. Und das ist bei solchen Eltern angeraten. Allerdings sollten Sie den Eltern aus ihrem Blick für Details keinen Vorwurf machen. Bevor Sie gegenrudern, ist es ratsam, erst einmal unvoreingenommen zu prüfen, ob Sie nicht vielleicht doch einen erheblichen Patzer begangen haben. Denn natürlich unterlaufen uns Lehrkräften auch Fehler, schließlich gilt nach wie vor:

- Wer arbeitet, macht Fehler.
- Wer viel arbeitet, macht viele Fehler.
- Nur wer nicht arbeitet, macht keine Fehler.

Falls Ihnen also ein gravierender Irrtum unterlaufen ist, sollten Sie ihn zugeben – und das war's dann. Wenn sich aus dem Fehler echte Nachteile für den Schüler ergeben haben, werden diese selbstverständlich ausgeglichen. Es gibt für Sie aber keinen Grund, deswegen ein schlechtes Gewissen zu entwickeln, aus dem selbstbewusste Eltern dann weitergehende Forderungen ableiten könnten.

Ist jedoch das, was von den Eltern gerügt wird, eher unwichtig, hat sich das gleich folgende Vorgehen bewährt. Zunächst aber ist festzuhalten: Häufig richtet sich die Kritik der Eltern gar nicht gegen die Inhalte, sondern gegen die Art und Weise, also die Methode, wie etwas in der Schule behandelt wird. Die Wahl der Methode aber liegt grundsätzlich in Ihrem Ermessen als ausgebildete Lehrkraft. Das müssen Sie der Mutter nicht knallhart sagen, denn Sie weiß das auch. Günstiger ist es, sie einfach leerlaufen zu lassen und auf Zeit zu spielen. Etwa so:

Mutter: Herr Sielje, Alexander hat mir erzählt, was für einen tollen Unterricht Sie machen, aber ich glaube, Ihre Arbeitsblätter sind nicht optimal.
Lehrkraft: Wie kommen Sie darauf?
Mutter: Ich habe mal ein wenig im Internet recherchiert.
Lehrkraft: (denkt: und ich habe etliche Semester recherchiert.) Und?
Mutter: Es gibt da seit einiger Zeit eine neue Methode, die Sie vielleicht noch nicht kennen, die aber deutlich effektiver ist, um Schülern die Grammatik zu vermitteln. Ich hab das mal für Sie ausgedruckt, damit Sie sich informieren können.
Lehrkraft: Danke, ich sehe es mir zu Hause an.
Mutter: Prima. Ich rufe Sie in ein paar Tagen an und wir schauen mal, wie wir das in der Klasse umsetzen können.
Lehrkraft: Ich glaube nicht, dass wir das so schnell umsetzen können. Schließlich ist nicht nur diese Unterrichtseinheit, sondern das gesamte Lehrbuch nach der jetzigen Methode konzipiert.

Es bringt wenig, sich mit der Mutter darüber zu streiten, welche Methode der Grammatikvermittlung besser ist. Allenfalls bekommt man heraus, welche Methode neuer ist, was aber gar nichts besagt. Mit pädagogischen Laien – und dazu gehören grundsätzlich auch intelligente Eltern – brauchen Sie in keinen Wettbewerb darüber zu treten, wer sich in Ihrem Fach besser auskennt. Das beliebte »Wer-hat-Recht-Spiel?« wäre zudem kontraproduktiv. Denn solche Eltern mögen es nicht, Unrecht zu haben. Noch weniger mögen sie es, wenn Sie als Lehrkraft Recht haben. Gehen Sie also auf einen derartigen Wettstreit nicht ein. Was aber kann man stattdessen machen?

Ambitionierte Eltern streben eine *sofortige* Umsetzung ihrer Ideen an, am besten gleich morgen. Deshalb ist es sinnvoll, sie mit ihren Ideen leerlaufen zu lassen. Schließlich können Sie so etwas gar nicht alleine entscheiden. Da müssen andere Kollegen gefragt,

Konferenzen einberufen, da muss die Schulleitung oder sogar die vorgesetzte Schulbehörde konsultiert werden. Kurz, es gibt eine ganze Reihe von administrativen Hürden, die auf diesem Wege genommen werden müssen und die man alle aufzählen kann.

Wenn Sie also erfolgreich auf Zeit spielen, wird die Angelegenheit für die Eltern schnell uninteressant. Denn sie wollen ja meist nicht eine grundsätzlich andere Ausrichtung der Grammatikvermittlung, sondern lediglich einen Vorteil für ihr Kind, und zwar hier und jetzt. Sie wollen keinen faireren Fußball, sie nutzen die Fairness nur als Vehikel, um ihr Kind in die Mannschaft zu bekommen. Wir alle ahnen, wie die Argumentation wohl aussähe, wenn Alexander unfair spielte und Tore schösse, wegen seiner ruppigen Spielweise aber aus der Mannschaft genommen würde. Dann wäre das Hauptziel des Fußballspielens nicht mehr die Fairness, sondern lediglich die erzielten Tore. Das allerdings wäre ein anderer Dialog, den Sie ebenfalls erfolgreich führen können.

 Auf dem Brötchen fehlte das Salatblatt

Die Situation

Schon wieder stehen die Herbstferien vor der Tür, und das Laub der Bäume färbt sich bunt. Bevor die Kollegin Anna Nass in die Ferien entschwinden kann, steht allerdings noch ein Gesprächstermin mit Alexanders Mutter an, die wir hier nicht noch einmal beschreiben müssen. Denn auch die Kollegin Nass hat das »Glück«, in der vorher erwähnten Klasse mit den engagierten Eltern zu unterrichten. Zusätzlich zu ihrer Tätigkeit als Fachlehrerin ist sie für die schuleigene Cafeteria zuständig und dort für die Umsetzung einer möglichst gesunden Ernährung.

Sehr engagiert nimmt sie ihre Aufgabe überaus ernst, und so hat sie aus dem Angebot schon Schokoriegel und anderes verwerfliches Naschwerk verbannt, das sich die Schüler jetzt an der nahegelegenen Tankstelle oder bei Aldi kaufen oder von zu Hause mitbringen. Alexanders Mutter, der die Entwicklung ihres Sohnes sehr am Herzen liegt, sorgt sich besonders um dessen gesunde Ernährung. Denn nun ist in der Schule schon zum zweiten Mal etwas passiert, was einfach nicht passieren darf. So entwickelt sich folgendes Gespräch:

Mutter: Frau Nass, Sie sind doch für die Cafeteria zuständig und setzen sich dort für gesunde Ernährung ein. Nicht wahr?
Lehrkraft: Das stimmt.
Mutter: Dann verstehe ich nicht, warum jetzt schon zum zweiten Mal in einem Monat das Salatblatt auf dem Käsebrötchen fehlte. Das kann doch kein Zufall mehr sein.
Lehrkraft: Sie haben völlig Recht. Das ist ein Skandal. Wir werden sofort den Betreiber wechseln.

Zugegeben, dieser Dialog ist vermutlich etwas übertrieben, aber wirklich nur ein wenig. Wir haben es hier mit einer Mutter zu tun, die allgemein als Helikopter-Mutter bezeichnet wird, weil sie wie ein Hubschrauber beschützend über ihrem Kind schwebt, um die grausamen Härten der realen Welt schon im Ansatz zu erkennen und zu beseitigen. Spätestens, wenn Alexander das schützende Heim verlässt und in den Kindergarten kommt, beginnt diese Aktivität. Mit dem Auszug des Sohnes und dem Beziehen einer eigenen Wohnung hört sie (frühestens) auf. Eine Helikopter-Mutter würde ihr Kind auch nie – wie die meisten anderen – einfach nur »Alex« nennen, sondern es immer mit seinem vollen Namen ansprechen. Schließlich ist der Name ein Teil der Persönlichkeit, die nicht aus Gründen der Bequemlichkeit zusammengestutzt werden sollte.

So, das muss als Charakteristik reichen. Für das nächste Beispiel nehmen wir an, dass es bereits 20.55 Uhr ist.

Mutter: Es tut mir leid, Frau Nass, dass ich Sie jetzt noch anrufe. Aber Alexander war sich nicht ganz sicher, ob er im Buch auf Seite 3 die Aufgabe 5 bearbeiten soll oder auf Seite 5 die Aufgabe 3.

Oder klingt das für Sie vertrauter?

Mutter: Alexander hat am Wochenende ein Fußballturnier und kann deshalb die Arbeit erst am Dienstag abgeben.
Lehrkraft: Aber der Abgabetermin ist am Montag.
Mutter: Ich möchte nicht, dass Alexander unnötigen Stress erleidet.
Lehrkraft: Das möchte ich auch nicht. Deshalb war der Abgabetermin ja auch schon zwei Wochen vorher bekannt.
Mutter: Keine Sorge, am Dienstag haben Sie die Arbeit.

Oder die Mutter erscheint vor dem Lehrerzimmer und fragt:

Mutter: Frau Nass, könnten Sie das bitte gleich an Alexander weiterreichen?
Lehrkraft: Was ist das?
Mutter: Sein Mittagessen. Das Mensa-Essen ist ja leider nicht sehr ausgewogen und nicht optimal für Kinder, die im Wachstum sind.

Oder Mutti möchte anderes Licht im Klassenraum, weil die Kelvinzahl (2 700 ist besser als 3 300!) zu hoch ist. Sie möchte, dass mehr, vielleicht aber auch, dass weniger geheizt wird. Oder was auch immer. Der Platz reicht hier nicht aus, um sämtliche Wünsche der Helikopter-Mütter aufzulisten. Das ist glücklicherweise auch nicht notwendig, weil Sie all diese Wünsche aus eigener Erfahrung nur zu gut kennen.

Die Absicht

Wie schon gesagt, dieser Elterntyp, meist nicht mehr ganz junge Mütter, möchte seine Kinder am liebsten im heimischen Gewächshaus heranziehen. Dort herrscht konstante Frühförderung. Während im Hintergrund eine Klaviersonate von Mozart läuft, werden mit Tangram-Steinen Figuren gelegt, bevor es dann in die Malschule geht, wo den Kindern während des Arbeitens mit Ton von einer Chinesin zusätzlich Mandarin beigebracht wird.

Und wenn das Kind das heimische Gewächshaus verlassen und mit anderen eigenartigen Gewächsen in eine Baumschule muss, dann sollten dort möglichst auch gewächshausartige Bedingungen herrschen. Dafür stellen die Eltern meist übertriebene Forderungen an die Schule, anstatt berechtigte Forderungen an ihr Kind.

Wie gut es für die Entwicklung von Kindern ist, sie ab und an einfach einmal in Ruhe zu lassen, haben diese Eltern nicht begriffen. Stattdessen sind sie immer in Rufweite – und sei es nur über das Handy. Wenn es draußen kalt ist und das Kind zehn Minuten mit dem Rad zur Schule fahren müsste, bringt Mutti oder Vati es eben mit dem Auto. Wenn Sohnemann seine Fußballschuhe vergessen hat, bringt man sie direkt zum Spielfeldrand. Das ist kein Problem für Mutti.

Irgendwann wird jedoch die Absicht, ihr Kind vor allem zu beschützen, mit der gemeinschaftlich organisierten Schule kollidieren. Das ist vorhersehbar. Denn in der Schule geht es darum, Kinder zur Selbstständigkeit zu führen und sie anzuleiten, sogar die Verantwortung für eigene Versäumnisse und Fehler zu übernehmen. Das jedoch ist bei den Eltern noch lange nicht vorgesehen.

Folglich wird das Kind, vermeintlich um es zu schützen, übermäßig behütet, denn dann wird man benötigt. Schließlich ist es für manche Eltern eine schmerzhafte Erkenntnis, immer weniger gebraucht zu werden. Während andere Eltern sich über ihre selbstständigen Kinder freuen, stellt für Helikopter-Eltern die von der Schule angestrebte Selbstständigkeit das größte anzunehmende Unglück dar. Deshalb müssen sie den Eindruck vermitteln, ihre Autorität stehe selbst in der Schule über den Weisungen der Lehrkraft. Zum Beispiel so:

Lehrkraft: Alex, du hast ja deine Hausaufgabe nicht.
Alex: Doch. Meine Mutter hat sie gestern mit mir gemacht. Und sie hat gesagt, dass es völlig in Ordnung ist, wenn ich die Inhaltsangabe nicht aufschreibe, sondern nur mündlich wiedergebe.

Am liebsten würde man den Eltern nicht nur nach dieser Situation entgegnen: »Lassen Sie Ihr Kind doch einfach mal in Ruhe!« Denn wenn, um wieder zum Anfang zu kommen, Alex das Salatblatt tatsächlich schmerzlich vermissen würde, weil er einen bedrohlichen Vitaminmangel fürchtet, könnte er auch selbst reklamieren. Er müsste ja nicht den Betreiber der Cafeteria zur Rede stellen, sondern könnte sich vertrauensvoll an die Kollegin Nass wenden. Das aber kann man den dermaßen besorgten Eltern leider nicht so direkt sagen. Wie also bringt man ihnen die Botschaft schonend bei?

Die Gegenreaktion

Sehen wir es einmal positiv. Im Grunde kann sich die Schule eigentlich nur Eltern wünschen, die sich um ihr Kind kümmern. Und bei manchen Eltern wäre es wünschenswert, wenn das Interesse für ihre Kinder und die Schule nur ein Viertel dessen betragen würde, womit Helikopter-Eltern uns beglücken. Dass die übertriebene Fürsorge einem als Lehrkraft manchmal ganz schön auf die Nerven gehen kann, ist eine ganz andere Sache. Aber diese Eltern kümmern sich um ihr Kind, sie haben die besten Absichten und tun alles dafür, diese umzusetzen. Das sollten wir schätzen und ihr Engagement nicht lächerlich machen.

Wie also lassen sich die Aktivitäten so besorgter Eltern auf ein erträgliches Maß herunterfahren? Indem man ihnen vermittelt, dass ihr Kind bei uns wirklich in guten Händen ist. Schauen Sie sich, wenn Sie mögen, noch einmal die Gedanken typischer Eltern an (S. 19), deren Hauptsorge es ist, ob es ihrem Kind bei uns gut geht. Sie und ich wissen, dass die Schule sich in der Regel gut um ihre Schüler kümmert – aber die Eltern wissen es nicht. Sie müssen erst davon überzeugt werden. Das könnte wie folgt aussehen:

Mutter: Frau Nass, Sie sind doch für die Cafeteria zuständig und setzen sich für gesunde Ernährung ein. Nicht wahr?
Lehrkraft: Das stimmt.
Mutter: Dann verstehe ich nicht, warum jetzt schon zum zweiten Mal in einem Monat das Salatblatt auf dem Käsebrötchen fehlte. Das kann doch kein Zufall mehr sein.
Lehrkraft: Ich glaube, Sie müssen sich deswegen keine Sorgen machen. Das Angebot in unserer Cafeteria ist sehr ausgewogen. Aber es kann schon einmal passieren, dass ein Salatblatt fehlt. Ich nehme Ihre Information auf und werde mich darum kümmern.

Haben Sie den Unterschied bemerkt? Zunächst geht es darum, die Mutter zu beruhigen. Das fehlende Salatblatt wird gar nicht geleugnet, aber heruntergespielt. Und zum Schluss sagt die Kollegin, sie kümmere sich darum, ohne zu präzisieren, wie genau dies aussieht. Die zentrale Botschaft muss lauten:

> **Die Kinder sind bei uns wirklich in guten Händen.**

Eine wirksame Möglichkeit, besorgte Eltern zu beruhigen, besteht darin, sie rechtzeitig über alles Wesentliche zu informieren. Ich weiß, das kostet Mühe und Zeit. Es erspart letzlich aber stundenlange Telefongespräche mit Helikopter-Eltern und gibt ihnen (hoffentlich) das Gefühl, ihre Kinder bei uns in der Schule in guten Händen zu wissen. Es gibt erste Schulen, an denen die Eltern (über einen persönlichen Zugangscode) nicht nur den Notenstand ihrer Kinder, sondern auch Bemerkungen der Lehrkräfte zum Arbeitsverhalten und andere Mitteilungen jederzeit einsehen können. Ich halte das für eine gute Idee. Falls Sie also an Ihrer Schule jemanden haben, der dazu in der Lage ist, sollten Sie ein solches System einrichten.

Darüber hinaus muss man den Eltern aber klarmachen: Selbst ihr Kind kann in einer gemeinschaftlich organisierten Schule keinen Sonderstatus genießen:

Mutti: Alexander hat am Wochenende ein Fußballturnier und kann deshalb die Arbeit erst am Dienstag abgeben.
Lehrkraft: Aber der Abgabetermin ist am Montag.
Mutti: Ich möchte nicht, dass Alexander unnötigen Stress erleidet.
Lehrkraft: Das möchte ich auch nicht. Deshalb war der Abgabetermin ja auch schon zwei Wochen vorher bekannt.
Mutti: Keine Sorge, am Dienstag haben Sie die Arbeit.
Lehrkraft: Ich bin nicht besorgt. Aber falls er sie später abgeben sollte, bekommt er einen Notenabzug.
Mutter: Ich finde es ungerecht, dass Alexanders sportliche Belastungen nicht berücksichtigt werden.

Lehrkraft: Das bedaure ich. Aber bei der Benotung von Arbeiten gelten bei mir für alle Schüler dieselben Bedingungen. Und ich glaube, Alexander ist so gut, dass er es trotzdem bis Montag schafft.

Die Mutter wird mit dieser Entscheidung nicht zufrieden sein, aber das ist nicht zu ändern. Wer hier nachgibt und eine Ausnahme zulässt, tritt eine Lawine los, die kaum noch zu stoppen ist. Denn natürlich würde Alexander all seinen Mitschülern stolz erzählen, wie er dank seiner Eltern eine Fristverlängerung bekommen hat.

Und dreimal dürfen Sie raten, was bei der nächsten Terminarbeit passieren würde: Etliche Schüler würden, notfalls über ihre Eltern, besondere Umstände geltend machen, warum gerade sie eine Fristverlängerung benötigen. Häufig hilft es (siehe letzter Satz), den Eltern zu schmeicheln, indem man unterstellt, man traue es ihrem (besonders fähigen) Kind natürlich zu, trotz der anderen Belastungen den festgelegten Termin einzuhalten.

 Er kann nichts dafür, es war unsere Schuld

Die Situation

Die Herbstferien im sonnigen Süden sind zwar vorbei, aber Peter Sielje ist gut erholt und fit für den Alltag zurück im deutlich kühleren Deutschland. Draußen ist es kalt und regnerisch. In ein paar Tagen ist Halloween und Sielje überlegt sich, wie er auf die Schüler, die bei ihm klingeln und ihn nötigen wollen (»Süßes oder Saures!«), reagieren soll. Oder ist es besser, zu flüchten und sich in einem großen Einkaufszentrum die Zeit mit Einkäufen zu vertreiben, bis der Spuk vorüber ist? Diese Gedanken schießen ihm durch den Kopf, während er aus dem Fenster schaut. Der morgendliche Nebel hat sich längst verzogen, denn es ist bereits 14 Uhr und Sielje erwartet Jeromes Vater, weil es wieder einmal Probleme gibt. Hören wir uns an, worum es diesmal geht:

Lehrkraft: Herr Bellmann, schön, dass Sie kommen konnten.
Vater: Na ja, Sie haben ja gesagt, es sei wichtig.
Lehrkraft: Das stimmt. In den letzten Wochen ist Jerome häufig zu spät zum Unterricht erschienen. Und zwar nicht nur zwei bis drei Minuten, sondern regelmäßig 15 oder 20 Minuten.
Vater: Das tut uns leid. Aber Jerome kann nichts dafür. Das ist unsere Schuld. Wir wecken ihn eigentlich morgens immer, aber in letzter Zeit ist bei uns so viel los, dass meine Frau und ich es manchmal nicht schaffen, ihn rechtzeitig zu wecken.

Oder vielleicht so:

Lehrkraft: Herr Bellmann, schön, dass Sie kommen konnten.
Vater: Na ja, Sie haben ja gesagt, es sei wichtig.
Lehrkraft: Das stimmt. In den letzten Wochen hatte Jerome häufig seine Hausaufgaben nicht.
Vater: Das tut uns leid. Aber er kann nichts dafür. Das ist unsere Schuld. Er musste so viel zu Hause mithelfen, dass er danach die Hausaufgaben nicht mehr geschafft hat.

Das soll reichen, denn das Prinzip ist unschwer zu erkennen.

Die Absicht

Falls Sie solchen Eltern gegenübersitzen, haben Sie es nicht leicht. Denn ihre Strategie ist zwar eher selten, aber ausgesprochen geschickt und nicht so leicht auszuhebeln. Nachvollziehbar wäre es, alle Schuld von sich zu weisen und auf jemand anderen oder auf widrige Umstände zu schieben. Wenn also jemand vom typisch menschlichen Verhalten abweicht und sich selbst die Schuld zuweist, so dürfte es dafür einen wichtigen Grund geben.

Eigentlich gibt es sogar zwei gute Gründe. Der erste besteht darin, den Sohn zu entschuldigen. Das ist nichts Neues, das machen die meisten Eltern heutzutage. Aber wenn das Kind entschuldigt wird, wer hat dann Schuld? Irgendjemand muss doch die Verantwortung tragen. Es ist ja nicht alles »höhere Gewalt« wie bei einem

Erdbeben, das nicht nur Haus und Hof, sondern auch die Hausaufgaben verschlingt. Wer also ist verantwortlich?

Die Eltern geben sich selbst die Schuld, eine ausgesprochen raffinierte Strategie. Denn sie, die Eltern, können von der Schule quasi nicht zur Verantwortung gezogen werden. Und damit haben wir den zweiten Grund. Einen Schüler, der häufig zu spät kommt, kann man nachsitzen lassen. Aber wie will man die Eltern nachsitzen lassen, weil sie (fahrlässig) verschlafen und ihr Kind nicht rechtzeitig geweckt haben? Daraus folgt: Wenn die Eltern nur dickfellig genug sind, laden sie sich lächelnd die Schuld auf – und pellen sich im Inneren ein Ei darauf.

Bei wiederholten erheblichen Verfehlungen der Eltern kann die Schule zwar das Jugendamt einschalten, damit die Eltern »beraten« werden. Doch bei fehlenden Hausaufgaben oder häufigem Zuspätkommen werden die meisten Jugendämter einen solchen Schritt für überzogen halten. Immerhin hat es Jahrzehnte gedauert, bis Jugendämter und Gerichte dem sehr viel schlimmeren systematischen Fernhalten der Kinder von der Schule drastische Maßnahmen (Bußgelder) entgegengesetzt haben.

Die Behauptung »Es war nicht seine, sondern unsere Schuld« kann jedoch nicht nur eine raffinierte Strategie sein, sie könnte tatsächlich auch der Wahrheit entsprechen. Von der Einschätzung, ob die eine oder die andere Variante vorliegt, hängt ab, welche Gegenreaktion sinnvoll ist.

Die Gegenreaktion

Fangen wir mit der aufrechteren Variante an, also mit Eltern, die so schusselig sind und es nicht schaffen, ihr Kind rechtzeitig zu wecken, oder die nicht daran denken, dass vielleicht noch Hausaufgaben erledigt werden müssen. Solche Eltern brauchen Ihre Hilfe als pädagogischer Experte. Man muss ihnen verdeutlichen, wie wichtig es ist, Kinder allmählich zur Selbstständigkeit zu erziehen.

Für Schüler bis zur 6. Klasse mag es noch angehen, wenn ausschließlich die Eltern das Wecken übernehmen. Danach aber können Kinder sich von ihrem eigenen Wecker wecken lassen – und die

Eltern beschränken sich darauf, das rechtzeitige Aufstehen zu kontrollieren. Die Pflicht zur Kontrolle der Kinder bleibt natürlich bestehen, weil der Weg zur Selbstständigkeit steinig und die Versuchung der Schüler groß ist, den klingelnden Weckton auszuschalten, sich noch einmal umzudrehen und ein paar Minuten weiterzuschlafen. Darüber hinaus ist es notwendig, den Eltern zu verdeutlichen, warum es so wichtig ist, pünktlich zum Unterricht zu erscheinen.

Lehrkraft: In den letzten Wochen ist Jerome häufig zu spät zum Unterricht erschienen. Und zwar nicht nur zwei bis drei Minuten, sondern regelmäßig 15 oder 20 Minuten.
Vater: Das tut uns leid. Aber Jerome kann nichts dafür. Das ist unsere Schuld. Wir wecken ihn eigentlich morgens immer, aber in letzter Zeit ist bei uns so viel los, dass meine Frau und ich es nicht schaffen, ihn rechtzeitig zu wecken.
Lehrkraft: Das mag ja sein, aber in der 8. Klasse kann ein Kind sich selbst den Wecker stellen, und die Eltern kontrollieren nur noch das Aufstehen. Daneben gibt es aber einen weiteren wichtigen Punkt.
Vater: Welchen denn?
Lehrkraft: Die ersten Minuten der Unterrichtsstunde sind oft die wichtigsten. Denn hier werden die Aufgabenstellung der Stunde erklärt, Fragen der Schüler dazu beantwortet oder wichtige Hinweise für die Bearbeitung gegeben. Wer also zehn Minuten zu spät kommt, der versäumt viel mehr als nur ein Fünftel der Stunde. Und ich kann denjenigen, die zu spät kommen, natürlich nicht alles noch einmal erklären.
Vater: Wir werden versuchen, dass Jerome in Zukunft pünktlich erscheint.

Ähnliches gilt für die Hausaufgaben. Auch hier ist den Eltern die Bedeutung häufig nicht klar. Sicher ist es nicht tragisch, falls ein Schüler einmal die Hausaufgabe nicht macht. Wenn er sie aber regelmäßig nicht anfertigt, fehlt ihm jedes Mal ein kleines Stück aus dem Puzzle. Und diese fehlenden Teile werden sich negativ auf seine nächste Klassenarbeit auswirken, weil er nur ein unvollständiges Bild der Aufgabe und ihrer Lösung hat. Als Dialog könnte das so umgesetzt werden:

Lehrkraft: In den letzten Wochen hatte Jerome häufig seine Hausaufgaben nicht.
Vater: Er kann nichts dafür. Das ist unsere Schuld. Er musste so viel zu Hause mithelfen, dass er danach die Hausaufgaben nicht mehr geschafft hat.
Lehrkraft: Es ist schön, wenn er zu Hause mithilft. Aber die Hausaufgaben sind notwendig, damit die Schüler selbstständig Dinge üben, die für die nächste Klassenarbeit wichtig sind. Und wer mehrfach seine Hausaufgaben nicht macht, hat Schwierigkeiten, die Aufgaben später zu lösen, und riskiert eine schlechte Note.

Soviel zu den Eltern, die wirklich versäumt haben, ihr Kind zu unterstützen. Kommen wir nun zu denen, die das nur vorgeben, um pauschal die Fehler ihres Kindes zu decken. Diese Eltern brauchen keine verständnisvolle Hilfe, sondern einen klaren Hinweis auf ihre elterlichen Pflichten. Wie könnte das aussehen?

Lehrkraft: In den letzten Wochen ist Jerome häufig zu spät zum Unterricht erschienen. Und zwar nicht nur zwei bis drei Minuten, sondern regelmäßig 15 oder 20 Minuten.
Vater: Das tut uns leid. Aber Jerome kann nichts dafür. Das ist unsere Schuld. Wir wecken ihn eigentlich morgens immer, aber in letzter Zeit ist bei uns so viel los, dass meine Frau und ich es nicht schaffen, ihn rechtzeitig zu wecken.
Lehrkraft: Es ist nett gemeint, dass Sie Ihr Kind in Schutz nehmen wollen. Aber wir glauben, es ist wichtig, Kinder zur Selbstständigkeit zu erziehen. Dazu gehört es in der 8. Klasse, selbstständig die Hausaufgaben zu machen und selbstständig morgens aufzustehen. Und wenn ein Schüler das versäumt, sollte er dafür auch die Verantwortung übernehmen. Es wäre gut, wenn Sie uns dabei unterstützen würden, denn zusammen können wir Ihr Kind auf die Erfolgsstraße bringen.

**Auch Schüler müssen lernen,
Verantwortung für ihr Handeln zu tragen.**

Die Geschmeidigen

Es lohnt sich (wieder einmal) nicht, darauf einzugehen, wer eigentlich Schuld hat und wer nicht. Führen Sie den Eltern einfach die negativen Auswirkungen vor Augen, die letztlich immer auf den Schüler zurückfallen. Er verpasst durch seine Versäumnisse die wichtigsten Minuten des Unterrichts, er verpasst die Gelegenheit, für die Klassenarbeit zu üben. Deshalb muss er demnächst mit einer schlechteren Note rechnen. Und das beeindruckt die meisten Eltern.

Er hört überhaupt nicht auf mich

Die Situation

Schon wieder neigt ein Jahr sich dem Ende zu. Zwei Wochen sind es nur noch bis zu den Weihnachtsferien. Kollegin Nass hat bereits die ersten Weihnachtsgeschenke besorgt und knabbert während der Korrekturen genüsslich Spekulatius. Nach getaner Arbeit sitzt sie abends vorm Fernseher und trinkt einen Becher Glühwein. In diese gemütliche Stimmung platzt ein Telefonanruf von Sascha-Pascals Mutter, die geschieden ist und sich alleine um die Erziehung ihres nicht ganz pflegeleichten Sohnes (15 Jahre alt) kümmert.

Sascha war in letzter Zeit mehrfach wegen nicht gemachter Hausaufgaben aufgefallen, weshalb die Kollegin die Mutter darum gebeten hatte, dies zu kontrollieren. Allerdings ohne sichtbaren Erfolg. Deshalb wollte die Kollegin noch einmal mit der Mutter sprechen. Da die Mutter am Telefon aber recht verzweifelt klingt und das Gespräch vermutlich länger dauern wird, vereinbaren die beiden gleich für morgen ein Treffen in der Schule:

Lehrkraft: Na Frau Hartmann, was gibt es denn?
Mutter: Ach Sie wissen ja, Sascha-Pascal macht nur Probleme.
Lehrkraft: Ja, ich weiß, die Sache mit den Hausaufgaben. Haben Sie die denn in letzter Zeit mal kontrolliert?
Mutter. Nein, das ist überhaupt nicht möglich. Er macht einfach, was er will. Wenn ich ihn bitte, mir zu Hause zu helfen oder endlich

die Hausaufgaben zu machen, lacht er mich nur aus. Manchmal kommt er am Wochenende gar nicht mehr nach Hause, und hinterher sagt er, dass er bei Freunden gewesen ist. Aber das glaube ich nicht. Ich weiß, er übernachtet bei dieser Chantal. Er hört überhaupt nicht auf mich. Was soll ich bloß machen? Ich hab' schon alles versucht.

Der letzte Satz stimmt objektiv natürlich nicht, der verzweifelten Mutter kommt es nur so vor. Doch dazu später mehr. Haben Sie gemerkt, wie es auf einmal aus der Mutter herausprudelt? Sie ist kaum noch zu bremsen, weil sie endlich jemanden hat, dem sie ihr Herz ausschütten kann.

Die Absicht

Falls man hier wirklich von einer Strategie sprechen will, dann besteht sie in einem pädagogischen Offenbarungseid, der das elterliche Versagen vor der Lehrkraft entschuldigen soll. Die unausgesprochene Behauptung lautet: »Was man von mir verlangt, ist einfach unmöglich.« Und wenn die Mutter, wie sie vorschnell behauptet, schon *alles* versucht hat, kann sie ihre Bemühungen einstellen, sie braucht sich nicht einmal Gedanken über andere Methoden zu machen. Denn es wurde ja schon alles versucht.

Die stramme Behauptung: »Ich hab' schon alles versucht« stimmt so natürlich nicht und muss relativiert werden. Mutti hat alles versucht, was sie vor ihrem weichen Herzen vertreten kann. Nie aber würde sie zu einschneidenden Maßnahmen greifen, also z. B. ihrem Sohn das Handy entziehen. Ihre vermutlich härteste Maßnahme besteht darin, Sascha-Pascal einmal nicht seine Lieblingspizza (Pizza Gyros), sondern nur eine einfache Pizza Salami zu bestellen.

Das weiß auch Sohnemann und hat deshalb den längeren Atem, falls seine Mutter tatsächlich einmal etwas Disziplinarisches versuchen sollte. Schließlich weiß er genau, wie das abläuft: Mutti wird zögernd eine Maßnahme verhängen, aber falls diese nicht innerhalb einer Stunde die gewünschte Verhaltensänderung bewirkt, wird Mutti aufgeben, weil »das alles ja doch nichts bringt«. Und so konstruiert die Mutter mit einer »Selffulfilling Prophecy« ihre Rechtfertigung: Halbherzig versucht sie, über eine milde Sanktion ein wenig gegenzusteuern. Weil diese jedoch nicht sofort ihre grundsätzlich falsche Erziehung korrigiert, ist damit für sie der Beweis erbracht, wie wirkungslos belastende Maßnahmen generell sind.

Die eingestandene Hilflosigkeit, die anderen gegenüber als objektive Unmöglichkeit verkauft wird, trägt unausgesprochen die Forderung an die Lehrkraft in sich, der Mutter doch die Erziehung abzunehmen. Das wäre nicht weiter schlimm, denn als alleinerziehende Mutter ist sie in einer schwierigen Situation, und Lehrkräfte sind ja grundsätzlich Experten für Erziehung. Ihre Forderung zu erfüllen ist aber fast unmöglich, weil die Mutter bestimmte Maßnahmen ausschließt. Der Wunsch an die Lehrkraft lautet also redensartlich: »Waschen *Sie* ihm doch den Pelz. Aber bitte machen Sie ihn nicht nass!«

Das funktioniert natürlich nicht, selbst pädagogische Experten müssen unter Umständen zu Sanktionen greifen, um Schüler wieder in die richtige Bahn zu bringen. Zudem begreift die Mutter (noch) nicht, dass sie mit ihrer Nachgiebigkeit und Inkonsequenz die Hauptursache für das Fehlverhalten ihres Kindes darstellt. Das kann man ihr nur ganz schonend beibringen. Noch besser wäre es allerdings, wenn sie von selbst darauf käme. Schauen wir mal, wie das gehen könnte.

Die Gegenreaktion

Auch wenn es Ihre wertvolle Zeit kostet und Sie ungeduldig sind: Eine bewährte Methode ist es, solche Eltern erst einmal reden zu lassen, nur so erkennen Sie mehr als nur die Spitze des Eisberges. Sie sollten erst einmal erfahren, wie die Erziehung bzw. Nichterziehung zu Hause abläuft. Damit aber später Ihre professionellen Ratschläge bis ins Gehirn vordringen, müssen die Eltern zunächst Vertrauen in Sie und Ihre Fähigkeiten bekommen. Das erreichen Sie jedoch nicht, indem Sie selber möglichst viel reden, jeder mittelmäßige Psychologe weiß das. Viele engagierte Lehrkräfte überschütten hilflose Eltern gerne mit ihrem Wissen und guten Ratschlägen und bewirken dadurch letztlich gar nichts. Vielleicht sagt die Mutter am Ende des Gesprächs: »Jaja«. Das tut sie dann allerdings nur, um endlich Ruhe vor der Sturzflut an gut gemeinten Ratschlägen zu haben. Annehmen wird sie die Vorschläge vermutlich nicht. Das kann nur gelingen, wenn Sie zunächst den Mund halten und aktiv zuhören.

**Nicht vieles Reden,
sondern aktives Zuhören schafft Vertrauen.**

Was versteht man unter »aktivem Zuhören«? Es umfasst mehr, als nur den Mund zu halten, obwohl dies für einige Kollegen schon schwer genug ist. Schließlich sehen sie hier die einmalige Chance, ihr pädagogisches Wissen zu präsentieren. Beim aktiven Zuhören ist es wichtig, die Mutter zu bestätigen, indem man zustimmend nickt oder kleine Einschübe wie »Ich verstehe«, »Tatsächlich?« oder »Genau« von sich gibt. Achten Sie bei der Mutter vor allem auf das, was sie zum Schluss sagt, denn dort wird meist das Wesentliche platziert. Diese letzte Aussage bestätigen Sie – und dann lenken Sie das Gespräch in die von Ihnen gewünschte Richtung. Vielleicht so:

Mutter: Er hört überhaupt nicht auf mich. Was soll ich bloß machen? Ich hab schon alles versucht.
Lehrkraft: Ja genau. Sie haben schon alles versucht, und nichts von dem, was Sie gemacht haben, hat gewirkt.

Merken Sie es? Die Lehrkraft hat eigentlich gar nichts Neues gesagt, sondern nur die Mutter bestätigt und sie damit innerlich »geöffnet«. Allerdings hat die Kollegin schon relativiert, indem sie festgestellt hat, dass nur die von der Mutter angewandten Methoden nicht gewirkt haben.

Mutter: Richtig. Was soll ich denn nur machen?
Lehrkraft: Vielleicht sollten wir mal etwas anderes probieren. Es gibt da eine Methode, mit der wir schon oft gute Erfahrungen gemacht haben.
Mutter: Was denn?

Jetzt ist die Kurve genommen. Zum einen spricht die Kollegin in der Wir-Form, um die Mutter miteinzubeziehen. Zum anderen verweist sie darauf, wie erfolgreich die Methode ist, die sie gleich vorschlägt. Das ist nicht zu unterschätzen. Versetzen Sie sich einmal kurz in folgende Lage: Sie sind krank und gehen zu einem Arzt, der Ihnen ein Medikament empfiehlt. Entweder können Sie eine völlig neue Arznei ausprobieren oder eine nehmen, die bereits vielen anderen bei derselben Krankheit geholfen hat. Welche würden Sie wohl wählen? Diese so banale Frage müssen wir nicht beantworten.

Bei erzieherischen Problemen gilt das Gleiche. Ratlose Eltern wollen von uns Methoden, die nachweislich gewirkt haben, das ist doch verständlich. Darüber hinaus ist die Kollegin geschickt genug, der Mutter nicht gleich ihren Vorschlag um die Ohren zu hauen, sondern Neugier zu wecken. Dadurch will die Mutter hören, was sie empfiehlt. Dieser Satz ist so wichtig, dass man ihn nicht oft genug wiederholen kann: Die Mutter *will* jetzt den Vorschlag hören. Sie ist offen für eine Empfehlung, weil ihr der Ratschlag nicht unaufgefordert von einer pädagogischen Besserwisserin aufgedrängt wurde.

Nun müssen wir die Mutter nur noch von selbst erkennen lassen, was sie in der Vergangenheit pädagogisch falsch gemacht hat. Das ist möglich, sobald Sie den Blickwinkel ändern und das Ganze eher lustig aufziehen:

Mutter: Er hört überhaupt nicht auf mich. Was soll ich bloß machen? Ich hab' schon alles versucht.
Lehrkraft: Versetzen wir uns mal kurz in Sascha-Pascal hinein. Seine Mutter hat ihm gesagt, er soll um 22 Uhr ins Bett gehen. Aber Sohnemann handelt zunächst 22.15 Uhr heraus, dann halb elf. Als seine Mutter ihn um 22.30 Uhr daran erinnert, bittet er noch um ein Viertelstündchen, um am Computer ein paar wichtige Mails zu beantworten. Danach fällt ihm plötzlich ein, dass er noch seine Sachen für den nächsten Schultag packen muss. Fazit: Es ist 23.15 Uhr, als er endlich ins Bett verschwindet. Und jetzt kommt die Eine-Million-Euro-Frage: Wie ernst nimmt Sohnemann wohl die Anweisungen seiner Mutter?
Mutter: Sie meinen, er nimmt mich nicht ernst?

Lehrkraft: Ich meine, seien Sie ruhig etwas konsequenter, wenn Sie etwas anordnen. Schließlich sind Sie die Erwachsene. Ich sage immer: Kinder wissen zwar, was sie wollen, aber nicht, was sie brauchen. Das wissen Sie als Mutter am besten. Und es kommt noch besser: Sie dürfen das auch entscheiden.

Das ist eine wirksame Argumentationsrichtung. Denn viele Eltern sind inzwischen sehr verunsichert und haben regelrecht Hemmungen, sich gegen die Wünsche ihre Kinder durchzusetzen. Man hat ihnen nämlich eingeredet: Sobald Kinder etwas tun müssen, wozu sie keine Lust verspüren, würde die zarte Seele unheilbaren Schaden erleiden. In Lehrerkreisen hat sich jedoch mittlerweile herumgesprochen: Das ist nicht so, man darf von Kindern bzw. Schülern sogar Dinge verlangen, zu denen sie im Moment keine Lust haben. Aber dies ist noch nicht zu allen Eltern durchgedrungen. Deshalb brauchen verunsicherte Eltern die Unterstützung der pädagogischen Profis, die ihnen versichern: Die mit der Erziehung von Kindern betrauten Erwachsenen dürfen festlegen, was für Kinder und Jugendliche gut ist.

Sie sind ihr Lieblingslehrer

Die Situation

Das Weihnachtsfest im geselligen Kreise der Familie mit Gänsebraten bzw. Fondue und erheblichen Mengen an schokoladigem Naschwerk ist unbeschadet überstanden. Auch die Folgen der überschäumenden Silvesterfeier, auf die wir aus Gründen der Diskretion hier nicht näher eingehen, sind überwunden. Und nun haben wir nicht nur Januar, sondern auch nur noch wenige Tage bis zum Eintragen der Halbjahresnoten. Vermutlich bittet Chantals Mutter deshalb den Kollegen Sielje bereits für den nächsten Tag um ein dringendes Gespräch. Man trifft sich im Lehrerzimmer, da es dort deutlich wärmer ist als in den Klassenräumen. Sielje bittet besagte Mutter hinein, poliert seine Glaskugel, als die Mutter wie folgt beginnt:

Mutter: Chantal ist ganz begeistert von Ihrem Unterricht!
Lehrkraft: (denkt: Davon hab ich noch nichts gemerkt.) Wirklich?
Mutter: Ja, der Lehrer, bei dem sie vorher Unterricht hatte, Herr Rotte, war so streng. Keiner der Schüler mochte ihn. Er hat den Kindern nie einen Fehler verziehen, ganz anders als Sie.
Lehrkraft: Ja, das habe ich auch schon gehört.

Der Kollege Sielje unterrichtet übrigens auch Musik und leitet den Chor, weshalb auch folgender Dialog möglich wäre:

Mutter: Ich bin ganz begeistert! Sie bringen die Stimmen der Kinder richtig gut zur Geltung. Und Sie wählen immer so ansprechende Stücke aus. Viel besser als der vorige Musiklehrer, Herr Rotte.
Lehrkraft: Ja, der Kollege hat einen sehr eigenartigen Geschmack.

Die beiden letzten Sätze des Kollegen Sielje sollten uns aufhorchen lassen, denn in ihnen steckt die Beurteilung anderer Kollegen. So etwas kann leicht zum Bumerang werden. Aber schauen wir uns zunächst einmal die Strategie der Mutter genauer an, die hinter den schmeichelhaften Äußerungen steckt.

Die Absicht

Könnte es denn nicht immer so sein? Endlich einmal Eltern, die uns Lehrkräfte für unsere gute Arbeit loben. Allerdings könnten den aufmerksamen Leser zwei Dinge stutzig machen: zum einen der Überschwang, mit dem die Mutter hier schmeichelt, zum anderen die Nennung anderer Kollegen, die sie im Vergleich zum Gesprächspartner abwertet. Misstrauische Lehrkräfte vermuten in dieser Koppelung eine Doppelstrategie. Denn mit der Regelmäßigkeit eines Monsunregens wird auf das schmeichelhafte Lob gleich eine Bitte folgen, von der das Kind profitiert. Woher wissen wir das so genau? Von unserer Glaskugel, die wir früher einmal für unseren VHS-Kurs »Hellsehen für Anfänger« erstanden haben.

Neben der Bitte geht es ebenfalls darum, vertrauliche Informationen zu erhalten, die man im Bedarfsfall einsetzen kann, um

Lehrkräfte gegeneinander auszuspielen. Normalerweise würden wir nicht schlecht über andere Kollegen reden, weil es sich in einem Team nicht gehört, interne Kritik nach außen zu tragen. Aber hier scheint die Situation ja anders zu sein. Nicht man selbst sagt etwas Schlechtes, sondern die Mutter trägt es vor und man soll nur noch zustimmen. Doch Vorsicht! Das ist eine Falle. Eine solche Bestätigung liefert der Mutter nämlich wertvolles Material, das sie bei Bedarf gegen uns verwenden kann und verwenden wird, um einen Vorteil für ihr Kind herauszuholen. Denn anders als Lehrkräfte, die gesetzlich zur vertrauensvollen Zusammenarbeit verpflichtet sind, brauchen Eltern kein Blatt vor den Mund zu nehmen.

Zurück zur Grundstrategie: Der Zweck des Schmeichelns ist, für das Kind einen Vorteil herauszuholen. Das könnte dann so aussehen:

Mutter: Chantal ist ganz begeistert von Ihrem Unterricht!
Lehrkraft: (denkt: Davon hab ich noch nichts gemerkt.) Wirklich?
Mutter: Ja, der Lehrer, bei dem sie vorher Unterricht hatte, Herr Rotte, war so streng. Keiner der Schüler mochte ihn. Er hat den Kindern nie einen Fehler verziehen, ganz anders als Sie.
Lehrkraft: Ja, das habe ich auch schon gehört.
Mutter: Sie sind so verständnisvoll. Deswegen möchte ich Sie auch bitten, bei der Halbjahresnote zu berücksichtigen, dass wir zu Hause in letzter Zeit erhebliche Probleme hatten. Chantal konnte sich kaum konzentrieren und eine Fünf würde sie vermutlich völlig aus der Bahn werfen.

Wer kann da schon Nein sagen, wenn die Forderung in ein so dickes Kompliment verpackt ist? Schließlich möchte man doch nicht herzlos erscheinen und dadurch so unbeliebt werden wie der Kollege Rotte. Im Gespräch mit Sielje als Chorleiter könnte es wie folgt weitergehen:

Mutter: Ich bin ganz begeistert! Sie bringen die Stimmen der Kinder richtig gut zur Geltung. Und Sie wählen immer so ansprechende Stücke aus. Viel besser als der vorige Musiklehrer, Herr Rotte.
Lehrkraft: Ja, der Kollege hat einen sehr eigenartigen Geschmack.

Mutter: Mit Ihrem musikalischen Gespür haben Sie doch sicher auch schon erkannt, welches Potenzial in Chantal steckt. Könnte sie beim nächsten Mal nicht auch ein Solo singen?

Na klar. Warum denn nicht? Wer so nett fragt, dem kommt man gerne entgegen. Vielleicht gibt es andere Schüler, die objektiv besser singen, aber Chantals Mutter kann einfach geschickter fragen. Und das sollte belohnt werden. Oder nicht?

Zu diesem Elterntyp gibt es eine Steigerung, wobei dieser Typ (meist weiblich) seine Freundlichkeit je nach Bedarf ein- oder abschalten kann. Wenn solche Mütter etwas wollen und sich auf einem guten Weg dorthin sehen, sind sie hochgradig freundlich. Sobald sie jedoch das Gefühl haben, die Lehrkraft würde ihrem Kurs nicht mehr folgen, schalten sie ihr Lächeln schlagartig ab. Das geschieht tatsächlich so, wie ich es hier schreibe, nämlich unübersehbar. Vermutlich haben diese Mütter einige Artikel in psychologischen Zeitschriften nicht nur gelesen, sondern verinnerlicht. Sie wissen, wie jeder von uns unwillkürlich auf die Gesichtszüge seines Gegenübers reagiert.

Und bemerkt eine Lehrkraft nach einer zurückhaltenden Bemerkung, wie das freundliche Lächeln der Gesprächspartnerin schlagartig verschwindet, dann ahnt sie: Mit ihrer abweisenden Äußerung hat sie etwas Falsches und völlig Unannehmbares gesagt. Allerdings weiß jeder halbwegs normale Mensch auch, wie man diese unangenehm blickende Mutter wieder in eine angenehm lächelnde verwandeln kann: Man muss einfach nur ihrem Wunsch nachgeben.

Wer diesen leichten Weg nicht gehen möchte, weil er sich nicht manipulieren lassen will, der sollte lernen, mit dem Unmut einiger Eltern zu leben, deren Wünsche man abgelehnt hat. Schließlich kann man als Lehrkraft nicht alle glücklich machen. Und wer ständig nachgibt, um andere zufriedenzustellen, der wird irgendwann selber unzufrieden.

Die Gegenreaktion

Machen Sie sich bewusst: Jeder, der mit Ihnen spricht, will in der Regel etwas von Ihnen. Und wenn Eltern mit Ihnen sprechen, wollen sie nur selten reine Informationen, sondern vor allem Zugeständnisse für ihr Kind. Bei dem drohenden Elterntyp zu Beginn des Kapitels leuchtet uns dies sofort ein. Bei Eltern hingegen, die uns überschwänglich loben, setzt der pädagogische Verstand schnell aus. Wir glauben, weil es uns schmeichelt, wir würden ohne Hintergedanken nur wegen unserer überragenden Fähigkeiten gelobt.

Die Wirklichkeit ist ziemlich ernüchternd, denn dieses Lob ist nur der Türöffner für den gleich folgenden Wunsch. Das ist nichts Verwerfliches, man muss es als Lehrkraft nur wissen und sich geistig entsprechend wappnen. Sie brauchen folglich die Fähigkeit, selbst nach den nettesten Komplimenten höflich, aber bestimmt Nein zu sagen, eine Fähigkeit, die in den Ausbildungsseminaren leider viel zu wenig trainiert wird. Aber hat man es einige Male geübt, ist es gar nicht so schwierig.

Mutter: Sie sind so verständnisvoll. Deswegen möchte ich Sie auch bitten, bei der Halbjahresnote zu berücksichtigen, dass wir zu Hause in letzter Zeit erhebliche Probleme hatten. Chantal konnte sich kaum konzentrieren und eine Fünf würde sie vermutlich völlig aus der Bahn werfen.
Lehrkraft: Das glaube ich nicht. Ich finde, sie ist stark genug.
Und Sie sind ja auch noch da, um sie zu unterstützen. Im nächsten Halbjahr ...

Oder vielleicht so:

Mutter: Mit Ihrem musikalischen Gespür haben Sie doch sicher auch schon erkannt, welches Potenzial in Chantal steckt. Könnte sie beim nächsten Mal nicht auch ein Solo singen?
Lehrkraft: Das tut mir leid, wir haben im Moment so viele gute Sängerinnen. Lassen Sie uns erst einmal sehen, wie sich Chantal in Zukunft entwickelt.

Auch hier können Sie wieder zwei bewährte Techniken miteinander kombinieren. Zum einen deuten Sie schon im ersten Satz (Ankereffekt) an: Sie werden dem Wunsch *nicht* nachkommen. Zum anderen ist es hilfreich, auf Zeit zu spielen. Erklären Sie, dass Sie sich die Angelegenheit in Ruhe überlegen müssen. Das soll keine Lüge sein, sondern der Wahrheit entsprechen. Zwar möchte die Mutter sofort von der positiven Wirkung ihrer Schmeichelei profitieren und jetzt gleich ein Zugeständnis erhalten. Dem aber sollten Sie nicht nachgeben. Setzen Sie sich ein paar Tage später mit einem Gläschen Rotwein in Ihren Lieblingssessel und wägen Sie ganz in Ruhe ab, ob Sie bei Chantal noch eine Vier vertreten können bzw. ob das Mädchen wirklich schon reif für ein Solo ist.

> **Machen Sie nie sofort Zugeständnisse,
> sondern überlegen Sie erst in aller Ruhe.**

Falls Sie allerdings den Wünschen der Mutter, fernab jeder Schmeichelei, entsprechen wollen, teilen Sie das der Mutter bzw. der Tochter mit. Schließlich geht es nicht darum, die Wünsche der Eltern pauschal abzubügeln, sondern lediglich darum, in Ruhe zu überlegen. Und dagegen dürfte niemand etwas haben. Falls Sie jedoch zu einer ablehnenden Entscheidung kommen, wird diese höflich, aber bestimmt der Mutter mitgeteilt. Damit ist die Angelegenheit abgeschlossen, für etwaige Nachverhandlungen gibt es keinen Grund.

Wenden wir uns nun der Kritik an anderen Kollegen zu, die man Ihnen so ganz nebenbei als Köder präsentiert. Wie geht man damit um, vor allem dann, wenn die Kritik zutreffend ist? Seien Sie sich bewusst, dass diese negative Äußerung über andere Kollegen ein Versuchsballon ist. Die Eltern wollen erfahren, wie Sie darauf reagieren. Sind Sie eine Plaudertasche, aus der man noch mehr abfällige Informationen herausholen kann, als man in Elternkreisen ohnehin schon hat? Oder spielen Sie bei Klatsch und Tratsch so weit mit, dass Sie abwertende Äußerungen, die man Ihnen »ganz vertraulich« vorlegt, zumindest bestätigen? Das ist für die Eltern zwar nicht optimal, aber besser als nichts. Denn auch damit kann man hausieren gehen, indem man verbreitet, auch Sie hätten gesagt, der

Kollege Rotte sei so rigoros oder habe einen sehr eigenartigen Geschmack.

Sie meinen, das hätten Sie so doch gar nicht gesagt? Da wir unter uns sind, brauchen wir keine Haarspalterei zu betreiben, sondern können ganz offen reden. Schon indem Sie die Vorwürfe vor Außenstehenden bestätigen, äußern Sie es (wenn auch indirekt) ebenfalls.

Unabhängig davon, ob Vorwürfe stimmen oder nicht, gibt es nur eine richtige Gegenreaktion, und die lautet: »Kein Kommentar!«, allerdings in geschmeidigeren Formulierungen. Denn wie heißt es so treffend?

Interna behandelt man intern.

Etwaige Schwächen von Kollegen, die Schüler früher unterrichtet haben, gibt man nicht vor den Eltern (oder gar dem Schüler) preis oder bestätigt sie. Etwas anderes gilt nur, falls Sie als Klassenlehrer über eine Lehrkraft reden, die aktuell in Ihrer Klasse unterrichtet. Dann ist es möglich, mit den konkret betroffenen Eltern oder den gewählten Elternvertretern die Probleme zu erörtern. In allen anderen Fällen gilt: Vorsicht! Schlucken Sie nicht den ausgeworfenen Köder. Sie brauchen ja den angesprochenen Kollegen nicht zu verteidigen. Sagen Sie einfach gar nichts dazu, das ist am besten und einfachsten.

Mutter: Ich bin so froh, dass Chantal jetzt bei Ihnen Unterricht hat und nicht mehr bei Herrn Rotte. Die Kinder sagen, er hat immer nur Filme gezeigt, anstatt richtigen Unterricht zu machen.
Lehrkraft: Es freut mich, dass Chantal der Unterricht jetzt wieder Spaß macht.

Haben Sie es gemerkt? Weil der Vorwurf stimmt, verteidigen Sie den Kollegen nicht, geben der Mutter aber ein klares Signal, mit ihrer Strategie bei Ihnen auf Granit zu beißen. Dabei können Sie sich unterschiedlich stark hinter den besagten Kollegen stellen, bis hin zu: »Na, dann machen Sie es doch besser!« Nein, das natürlich nicht. Aber diese Varianten sind erfahrungsgemäß gut geeignet:

- »Das habe ich noch nicht gehört.«
- »Das kann ich mir nicht vorstellen.«
- »Er ist noch nicht lange im Dienst, das wird sich sicher legen.«
- »Lehrer zu sein, ist ziemlich anstrengend. Und es ist schwierig bis unmöglich, es allen 25 Schülern und deren Eltern recht zu machen.«

Auf diese Weise können Sie verfängliche Äußerungen der Eltern zurückweisen, ohne einen Kollegen bloßzustellen. Und ob Sie das überschwängliche Lob der Eltern über Sie wirklich für bare Münze nehmen oder eher nicht, bleibt Ihnen überlassen.

Zu guter Letzt

Zusammenfassung

An dieser Stelle finden Sie noch einmal die wichtigsten Grundsätze für den Umgang mit allen drei Gruppen von schwierigen Eltern:

Elternsprechtag
- Zehn Minuten Vorbereitung ersparen Ihnen eine Stunde Ärger, denn Sie zeigen dadurch, dass Sie vorbereitet sind und Ihre Schüler genau kennen.

Die Offensiven
- Das Erziehungsrecht von Schule und Elternhaus ist gleichberechtigt. Sie dürfen bzw. müssen erziehend tätig werden, sobald ein Verhalten die Klassengemeinschaft stört.
- Fragen Sie genau nach, für wen besorgte Eltern sprechen (dürfen). Grundsätzlich spricht jeder nur für sein Kind. Etwas anderes gilt nur für gewählte Elternvertreter.
- Die Erziehung von Schülern ist nicht alleine Ihre Aufgabe. Auch die Eltern müssen daran mitwirken, denn größere Verhaltensänderungen lassen sich nur gemeinsam erzielen.
- Führen Sie bei Schülern, die lügen, keinen »Gerichtsprozess«, der öffentlich die Schuld des Schülers herausstellen soll. Die Lüge ist die Verteidigung der Schwachen. Das aber müssen die Eltern für ihr Kind selbst erkennen.
- Lassen Sie sich von drohenden Eltern nicht einschüchtern, aber vermeiden Sie auch bissige Bemerkungen. Die optimale Entgegnung lautet: »Tun Sie, was Sie für richtig halten!«
- Es ist unerheblich, ob ein Schüler zu Hause vielleicht pflegleicht

ist, entscheidend ist, wie der Schüler sich bei Ihnen im Unterricht verhält.
- Sie haben nichts gegen einzelne Schüler. Wenn Sie Maßnahmen ergreifen, geht es immer um das störende Verhalten, nicht um den Schüler.

Die Verhandler
- Ihr Unterricht ist wichtig. Man sollte besser keine Stunde davon versäumen. Denn um in der Schule erfolgreich zu sein, muss man erst einmal anwesend sein.
- Wehret den Anfängen. Das gilt auch in der Schule. Denken Sie an den Effekt des kaputten Fensters. Und trainieren Sie die Kunst, Fangfragen einfach zu ignorieren.
- Falls Sie wirklich eigene Verstöße zugeben wollen, dann nur solche, bei denen auch Sie erwischt und bestraft worden sind.
- In der Schule geht es immer darum, Aufgaben in einer bestimmten Zeit zu lösen. Schüler müssen deshalb belastbar gemacht werden.
- Die meisten Eltern wollen verhandeln. Damit Sie beim Verhandeln eine möglichst starke Ausgangsposition haben, sollten Sie mit dem Ankereffekt arbeiten.
- Rechtfertigt die vorgetragene Begründung der Eltern wirklich eine Ausnahme? Sehen Sie nicht nur den Einzelfall. Was wäre, wenn mehrere oder sogar alle das wollten?

Die Geschmeidigen
- Relativieren Sie bei raffinierten Eltern vorsorglich alles, was Sie bestätigen sollen. So halten Sie sich ein Hintertürchen offen.
- Vermitteln Sie besorgten Eltern das Gefühl, dass die Kinder bei Ihnen in guten Händen sind, indem Sie diese Eltern schon vorab informieren.
- In der Entwicklung zur Selbstständigkeit müssen Schüler auch lernen, Verantwortung für ihr Handeln und ihre Versäumnisse zu übernehmen.
- Nicht vieles Reden, sondern nur aktives Zuhören schafft bei ver-

unsicherten Eltern Vertrauen und bringt sie dazu, vielleicht einen Ratschlag anzunehmen.
- ▸ Vorsicht bei großem Lob! Erfahrungsgemäß folgt darauf eine Bitte, der Sie aber nie sofort entsprechen sollten. Überlegen Sie erst in Ruhe zu Hause.

Wenn nichts mehr hilft ...

Es wäre unredlich, Ihnen vorzugaukeln, die vorgestellten Maßnahmen besäßen eine Erfolgsgarantie. Nein, leider nicht. Die vorgeschlagenen Gegenstrategien wirken zwar in 97 Prozent der Fälle, aber eben nicht immer. Warum gerade 97 Prozent? Ganz einfach, weil es in der Bevölkerung 3 Prozent Unbelehrbare gibt. Ja, es gibt (statistisch nachgewiesen!) 3 Prozent Querulanten, Beratungsresistente, hoffnungslose Fälle. Und rein statistisch sind auch Sie irgendwann einmal dran, einen von denen zu erwischen. Das liegt nicht an Ihnen, sondern ist simple Wahrscheinlichkeitsrechnung.

Was also kann man tun, wenn man zwar alles richtig gemacht, aber trotzdem keine Wirkung erzielt hat? Nicht die schlechteste Möglichkeit ist, sich mit Freunden bei einem gemütlichen Essen zu versammeln und eine gute Flasche Wein zu leeren. Es geht nicht darum, sich zu betrinken, sondern gelassen zu werden. Dann lässt sich auch ertragen, dass es Eltern gibt, deren negative Einstellung zur Schule wir mit unseren bescheidenen Möglichkeiten nicht ändern können. Aber um welchen Elterntyp es sich auch handeln mag, ein kleiner Prozentsatz ist einfach nicht zu erreichen. Wenn Sie dies erkennen, sagen Sie das ruhig offen, vielleicht so:

Lehrkraft: Wir können uns offensichtlich nicht darauf einigen, was für Jerome richtig ist. Allerdings gehe ich in meiner Klasse immer so vor – und nicht anders. Ich verstehe, wenn Sie damit vielleicht unzufrieden sind, kann es aber nicht ändern.

Lehrkraft: Ich sehe, dass wir grundsätzlich anderer Meinung sind. Aber solange Jerome sich anderen Schülern gegenüber nicht angemessen verhält, muss er mit solchen belastenden Maßnahmen rechnen.

Lehrkraft: Ich glaube, wir kommen hier nicht weiter. Ich kann guten Gewissens Chantals Note nicht in eine Vier ändern. Sollten Sie damit nicht einverstanden sein, müssten Sie sich an die Schulleitung wenden.

Lehrkraft: Wir sind zwar völlig anderer Meinung, was die Erziehung von Jerome angeht, aber ich muss mich nicht beleidigen lassen. Nehmen Sie bitte zur Kenntnis, dass weitere Gespräche mit Ihnen nur in Gegenwart der Schulleitung stattfinden werden.

Solche Äußerungen werden diese Eltern natürlich nicht besänftigen, das ist auch nicht möglich – es sei denn, Sie würden den Wünschen der Eltern nachgeben. Das aber ist manchmal beim besten Willen nicht zu vertreten, und damit müssen die Eltern leben.

Sie können sich ja an die Schulleitung oder an die vorgesetzte Schulbehörde wenden, das ist ihr gutes Recht. Und ich drücke Ihnen beide Daumen, dass diese Instanzen Sie dann nicht im Regen stehen lassen, sondern objektiv über den Fall entscheiden.

Schwierige Schüler

Allgemeines

Es ist einfach so: Da sich die Einstellung der Eltern zur Schule grundlegend geändert hat, bleibt dies nicht ohne Auswirkung auf das Verhalten der Schüler. Schließlich prägen die Eltern ihre Kinder nicht nur in den entscheidenden ersten Lebensjahren, sondern bereiten sie auch danach in der einen oder anderen Weise auf den Schuleintritt vor. Wenn dabei jedoch die durchgängige Botschaft an das Kind lautet: »Du brauchst nichts zu machen, wozu du keine Lust hast«, dann ahnt jede Lehrkraft, welche Probleme auf die Schule zukommen werden. Diese Prognose ist allerdings in der Lehrerausbildung erst vereinzelt angekommen. Stattdessen herrscht dort eine ähnlich sympathische Einstellung wie im Elternhaus: Warum eigentlich soll man von Schülern etwas verlangen, wozu sie vielleicht gar keine Lust haben? Also geht es darum, das Einverständnis der Schüler für den nächsten Schritt des Lehrplanes einzuholen, vielleicht so:

Lehrkraft: Was haltet ihr denn davon, jetzt ein wenig Grammatik zu machen?

Falls die Schüler nicht begeistert zustimmen – womit leider immer zu rechnen ist –, werden sie so lange »beraten«, bis sie begreifen, dass die an sie gerichtete Frage nicht wirklich ernst gemeint war. Sie ist lediglich die weichgespülte, getarnte Version einer klassischen Anweisung, die früher so klang:

Lehrkraft: So, wir machen jetzt Grammatik!

Ob die Schüler sich bei der ersten Variante tatsächlich besser fühlen, weil sie ja (theoretisch) einbezogen werden, darüber gehen die Meinungen auseinander. Unbestritten ist jedoch, was junge Kollegen über ihre Ausbildung sagen, sobald sie unter sich sind: viel zu theoretisch, keine praxisnahe Vorbereitung auf die schwierigen Situationen des Schulalltags. Einige Fachleiter begründen die Praxisferne damit, dass man eigentlich niemandem Rezepte an die Hand geben könne, wie man mit schwierigen Schülern umgeht, weil das immer vom Einzelfall abhänge.

Natürlich hängt vieles vom Einzelfall ab, aber das tut es immer und ist damit banal. Insofern darf diese Tatsache in meinen Augen keine Ausrede dafür sein, nicht zumindest ein paar wirksame Strategien für die häufigsten Fälle zu vermitteln. Denn wer ohne praxiserprobte Handreichungen in die Schule entlassen wird, bei dem entwickelt sich die Lehrersprache meist wie folgt:

Erster Monat: Bitte behandelt euch mit Respekt und lasst euch bitte ausreden.
Danach: Bitte seid ruhig. Ihr stört euch doch nur gegenseitig.
Zweites Jahr: Leute, Ruhe bitte!
Drittes Jahr: Ruhe!!!

Freilich kann diese sprachliche Entwicklung – je nach Schulform und Einzugsgebiet – auch schneller verlaufen, manchmal sogar innerhalb eines Monats.

Schmerzlich, aber noch ziemlich genau erinnere ich mich, wie es bei mir war. An der Universität durfte ich mich (Fach Deutsch) ein geschlagenes Semester mit den subtilsten Feinheiten der Valenz- und Dependenzgrammatik herumschlagen, die ich im Schulalltag nie wieder gebrauchen konnte.

Aber dann, im Referendariat, wurden endlich die großen Fragen des Lehrerberufs geklärt: Sollten mehrere Arbeitsblätter besser geklammert oder doch eher geheftet werden? Overheadprojektor (heute Smartboard) oder klassische Tafel? Was spricht dafür (90 Minuten Gruppendiskussion!), dass die Schüler ihre Tests selbst korrigieren?

Nach dem Referendariat wurde es dann konkret. Ich machte die peinliche Erfahrung, dass es nach meinen ausgefeilten Drohungen – »Der nächste, der ungefragt etwas sagt, darf das hier abschreiben!« – nicht selten ausgerechnet ein braves Mädchen traf, weil es zufällig ihre Banknachbarin ansprach und um Hilfe bat. Aber im Laufe der Zeit wurden meine Maßnahmen zielgerichteter. Wer mit

Papierkügelchen warf, musste den Klassenraum ausfegen. Wer zu spät kam, musste etwas länger bleiben. Und wer einen übermäßigen Redebedarf hatte, musste sich mit einem Versicherungsvertreter unterhalten oder eine Stunde der Beratungslehrerin zuhören.

Allmählich legte ich also ab, was man mir in Studium und Referendariat beigebracht hatte – und wurde fast ein richtiger Lehrer. Ich konnte einen Papierstau im Kopierer beseitigen, in einer kleinen Pause nicht nur Unterrichtsmaterialien wegbringen, sondern auch neue aus dem Lehrerzimmer holen – und dazwischen noch auf die Toilette gehen. Ich lernte, richtige (und falsche) Entscheidungen zu treffen, ohne lange zu diskutieren, verfügte bei Bedarf über eine schneidende, schnarrende Stimme und konnte so streng schauen, dass Kleinkinder verstummten und ein Vulkan sich überlegte, ob er wirklich ausbrechen will. Na ja, fast.

Daneben begriff ich allmählich, wie Schüler denken, und durchschaute immer besser die Strategien hinter ihren oft so harmlos wirkenden Äußerungen. Dabei wurde mir aber auch klar: Schüler sind nicht böse – und schon gar nicht dumm. Sie denken nur sehr ökonomisch. Im Laufe ihres jungen Lebens haben sie bereits eine der wichtigsten Kulturtechniken gelernt: Wie erleichtert man sich die anstehende Arbeit bzw. wie bringt man andere dazu, einem die Arbeit abzunehmen?

Das ist für die Aneignung von schulischem Wissen zwar nicht optimal, aber auch nicht verwerflich, sondern in hohem Maße verständlich. Schließlich bleibt so mehr Zeit für die wirklich wichtigen Dinge des Lebens wie Fußball, Computerspiele, genüssliches Shoppen oder die elektronische Pflege sozialer Kontakte.

Um dies zu veranschaulichen, treten auch in diesem Teil wieder die Lehrkräfte und die Schüler des ersten Teils (Peter Sielje, Anna Nass, Jerome, Sascha-Pascal, Chantal und Jaqueline sowie Alexander) auf und werden uns mit ihren kleinen Dialogen erfreuen. Aber auch hier wäre die Ähnlichkeit mit lebenden Personen reiner Zufall.

Die Untergruppen

Die Informierten

Diese Gruppe zeichnet sich dadurch aus, dass sie – aufgrund ihrer häuslichen Sozialisation – der Schule und ihren Anforderungen grundsätzlich positiv gegenübersteht. Das ist beruhigend und ein Verdienst der meist ehrgeizigen Eltern, die ihre Kinder dazu anhalten, in der Schule konstant mitzuarbeiten und der Lehrkraft immer wieder zu zeigen, wie gut sie sind. Dafür müssen sie sich jedoch vom Durchschnitt der anderen Schüler abheben, was sie leicht zu Außenseitern werden lässt. Da sie wissen (oder glauben), deutlich besser als ihre Mitschüler zu sein, haben sie sich in der Regel mit diesem Schicksal arrangiert. Eine gewisse Einsamkeit ist halt das Los der Genies.

Obwohl diese Schüler grundsätzlich kooperativ sind, können (oder wollen) sie ihre Lehrkräfte manchmal in argumentative Schwierigkeiten bringen. Vor allem dann, wenn die Lehrkräfte die Erwartungen der Schüler nicht erfüllen.

 Frau Nass! Ich weiß das!

Die Situation

Es ist einer dieser zähen Montagmorgen, die einfach nicht in Gang kommen wollen. Nicht nur die Schüler, die am Vorabend spät ins Bett gegangen sind, sitzen träge auf ihren Stühlen, sondern auch Kollegin Anna Nass tut sich schwer, munter zu werden. Schließlich hat sie das gesamte Wochenende korrigiert, und zwar bis in den Sonntagabend hinein. Nach einem schnellen Abendessen (Pizza »Tonno Cipolle« und zwei Glas Frascati) gönnte sie sich zwar im Fernsehen einen Tatort als Belohnung. Allerdings stand danach noch die Unterrichtsvorbereitung für Montag an, sodass die Turmuhr Mitternacht schlug, als sie erschöpft ins Bett sank.

Endlich beginnt der morgendliche doppelte Espresso seine Wirkung zu entfalten. Auch die Schüler werden allmählich munter, was vermutlich mit der Sonne zu tun hat, die am Horizont aufsteigt. Die Kollegin zieht die Gardine ein Stückchen zu, damit niemand geblendet wird, und führt wie gewohnt ihren Unterricht fort. Sie lässt Texte aus dem Lehrbuch vorlesen, die dort aufgeführten Arbeitsaufträge behandeln und stellt Fragen zum Themengebiet. Die meisten Schüler melden sich brav, warten, bis sie von der Kollegin drangenommen werden, und geben dann mehr oder weniger richtige Antworten, die sie kommentiert. Ein Schüler jedoch, nennen wir ihn Alexander, hält sich nicht an die Regel. Nach der Frage, ob jemand einen ägyptischen Pharao kennt, hebt er seinen Arm und ruft laut in den Raum:

Schüler: Frau Nass! Ich weiß das!
Lehrkraft: Ja, Alexander?
Schüler: Tut Ench Amun. Einer heißt Tut Ench Amun.
Lehrkraft: Gut, Alexander.

Das war die abgeschwächte Variante, denn es hätte auch so ablaufen können:

Lehrkraft: Na, kennt jemand einen ägyptischen Pharao?
Schüler: (jetzt aber ohne sich zu melden) Tut Ench Amun. Der heißt Tut Ench Amun.
Lehrkraft: Gut, Alexander.

Nicht nur die Kollegin ist zufrieden, sondern auch Alexander ist es in hohem Maße. Nur seine Mitschüler sind unzufrieden, aus verständlichen Gründen. Und wie sieht es mit Ihnen aus? Wie hätten Sie bei Alexanders spontanem Einwurf reagiert? Wer sich einmal den zeitlichen Luxus gönnt, bei befreundeten Kollegen zu hospitieren, wird sich wundern, wie häufig Schüler etwas in den Raum rufen, das ohne Vorwurf zur Kenntnis genommen oder sogar gelobt wird.

Die Absicht

Was ist hier eigentlich innerhalb weniger Sekunden abgelaufen? Alexander kennt die Antwort und will sie wirksam an den Mann (bzw. die Frau) bringen, um zu demonstrieren, was er alles weiß. Weil aber nicht auszuschließen ist, dass auch andere Schüler den berühmten Tut Ench Amun kennen und sich für die Antwort anbieten, muss er schneller zum Zuge kommen. Seine Überlegung: Wenn ich mich melde, wie die Regeln es vorsehen, bleibe ich lediglich einer unter mehreren Kandidaten. Im schlimmsten Fall werde nicht ich drangenommen, sondern der doofe Sascha-Pascal, der gerade den Arm hebt und vielleicht ebenfalls die Antwort weiß. Denn Frau Nass neigt dazu, schwächere Schüler vorrangig zu behandeln, sobald sich diese einmal melden. Also halte ich mich nicht wie die anderen Idioten an die Regel und warte, bis ich aufgerufen werde. Ich rufe einfach in den Klassenraum hinein und setze darauf, dass die Antwort trotzdem zur Kenntnis genommen wird. Dieses Vorgehen funktioniert bei anderen Lehrkräften ja auch. Und falls die Antwort richtig ist, gibt es meist sogar noch ein dickes Lob dafür.

Es gibt Lehrkräfte, die das Dazwischenrufen von Schülern als überdurchschnittliches Interesse an ihrem Unterricht deuten, welches sich folgerichtig in begeisterter, ungebremster Beteiligung niederschlägt. Das kann man so sehen, muss es aber nicht. Denn objektiv ist das Hineinrufen in die Klasse ein *verbales Vordrängeln*.

Nun ist das Verfahren, einfach plump in die Klasse zu rufen, längst verfeinerten Varianten gewichen: eine besteht darin, gleichzeitig zum Dazwischenrufen den Arm zu heben, am besten mit einer schwenkenden Bewegung. Denn Menschen sind »Bewegungsseher« und nehmen bewegte Objekte schneller und besser wahr als unbewegte. Folglich wird der winkende Arm des Schülers optisch registriert und im Gehirn als Meldung verbucht. Das Dazwischenrufen tritt dahinter zurück.

Verstärken können Schüler diese für sie günstige Wirkung noch, indem sie den Namen der jeweiligen Lehrkraft in den Raum rufen. Da jeder von uns auf den eigenen Namen instinktiv reagiert, drehen wir uns in die Richtung des Rufenden und schauen ihn erwartungsvoll an.

Die Gegenreaktion

Sie sind über 18 und leben in einem freien Land, können also tun und lassen, was Sie wollen. Falls das Dazwischenrufen einzelner Schüler Sie nicht stört und Sie darin nichts Unsoziales erkennen können, überschlagen Sie einfach dieses Kapitel.

Falls Sie jedoch der Meinung sind, dass diejenigen, die sich auf diese Weise vordrängeln, nicht auch noch bevorzugt behandelt werden sollten, lesen Sie bitte weiter, weil wir uns nun möglichen Gegenreaktionen widmen. Denn wer als Lehrkraft das Dazwischenrufen nicht eindämmt, darf mittelfristig damit rechnen, dass selbst die Braven irgendwann aufhören, sich zu melden, entweder weil sie resignieren oder weil sie sich entschließen, ebenfalls dazwischenzurufen.

Der schwierigste Part besteht darin, überhaupt zu erkennen, wie Schüler den korrekten Ablauf geschickt unterlaufen. Dabei ist dieser – theoretisch – ganz einfach und klar. Damit auch ruhigere Schüler die gleiche Chance haben, zu Wort zu kommen, müssen sie sich nur wie folgt verhalten:

1. Heben des Armes *ohne jegliche Äußerung* (»Hier!«, »Frau Nass!«, »Ich! Ich!«)
2. Ruhiges Warten, bis die Lehrkraft einen Schüler aufruft und ihm damit das Rederecht erteilt.
3. Sprechen des aufgerufenen Schülers

Das war's schon. Dieser Ablauf sollte den Schülern bekannt sein. Das Entscheidende dabei ist weniger das Heben des Armes als der völlige Verzicht auf irgendwelche begleitenden Zwischenrufe. Um den Schülern eine wirksame Rückmeldung über ihr falsches Verhalten zu geben, ist es ganz wichtig, etwaige Zwischenrufe nicht zu bestätigen.

**Ignorieren Sie Zwischenrufe
oder nehmen Sie Zwischenrufer erst als Letzte dran.**

In der Praxis ist das völlige Ignorieren deutlich schwieriger, als in irgendeiner Weise darauf zu reagieren. Daher empfehlen sich folgende Entgegnungen:

- »Zwischenrufer nehme ich nicht dran.«
- »Zwischenrufer kommen als letzte dran.«

Falls Ihnen der etwas schräge Begriff des »Zwischenrufers« nicht gefällt, könnten Sie auch so formulieren.

- »Wer dazwischenruft, kommt gar nicht dran.«
- »Wer dazwischenruft, muss warten.«

Wichtig ist, nachdem Sie einmal die Regel vorgestellt und begründet haben, auf weitere Zwischenrufe nur noch sehr knapp zu reagieren. Falls also Alexander gleich die richtige Antwort (»Tut Ench Amun!«) in den Raum ruft, sollten Sie sich hüten, diese zu akzeptieren oder ihn gar zu loben. Tun Sie so, als hätten Sie nichts gehört, und fragen Sie noch einmal: »Na, ein ägyptischer Pharao? Wer weiß es? Sascha-Pascal?« Und wenn Sascha-Pascal dann mit »Tut Ench Amun« antwortet, kommentieren Sie das mit »Richtig!«. Denn sein Verhalten war korrekt, das von Alexander hingegen war falsch. Das können Sie durch konsequentes Gegensteuern ändern.

 Das stimmt doch nicht!

Die Situation

Es ist Dienstag, und Kollege Sielje unterrichtet wieder einmal Erdkunde. Gerade als er ausführt, dass der Amazonas der Fluss ist, der am meisten Frischwasser ins Meer transportiert, meldet sich Alexander wie wild. Sielje nimmt ihn dran und muss sich mit vorwurfsvollem Unterton anhören:

Schüler: Das stimmt doch nicht. Das hab ich im Fernsehen gesehen. Der größte Fluss ist nämlich der Mississippi.
Lehrkraft: Nein, das ist er nicht.
Schüler: Doch, das ist er wohl.

Da haben wir ihn, unseren kleinen Besserwisser, der den ausgebildeten Kollegen in den Augen der Mitschüler erst einmal als Niete dastehen lässt. Denn Schüler wie Alexander vertreten ihre Gegenmeinung ohne den geringsten Zweifel, mit absoluter Gewissheit in der Stimme – ein Auftreten, von dem sich manche Lehrkraft eine Scheibe abschneiden könnte.

Die Absicht

Anders als im vorigen Fall geht es dem Schüler nicht nur darum, sein Wissen zu demonstrieren, indem er z. B. auf eine Frage der Lehrkraft antwortet. Er möchte zeigen, dass er besser informiert ist, und die Lehrkraft öffentlich korrigieren. Nun mag es tatsächlich einmal vorkommen, dass eine Lehrkraft sich irrt und ein Schüler die richtige Information kennt, aber das dürfte die Ausnahme sein.

Viel häufiger ist der Fall, dass Schüler nicht richtig zugehört und deshalb etwas missverstanden haben. So wie in unserem Beispiel, bei dem es dem Kollegen um die transportierte Wassermenge ging, der Schüler sich aber offensichtlich auf die Länge des Flusses bezog. Auch das ist nicht tragisch und wird immer wieder vorkommen. Entscheidend ist jedoch, wie der Schüler seine Information der Lehrkraft und der Klasse präsentiert: Nicht als eine eventuelle Möglichkeit, die zaghaft neben die Information der ausgebildeten Lehrkraft gestellt wird, sondern als unumstößliche Tatsache. Wie ist dieses Verhalten zu erklären?

Um ihnen ein gesundes Selbstbewusstsein mit auf den Lebensweg zu geben, sind Kinder wie Alex im Elternhaus ständig bestätigt, aber viel zu selten korrigiert worden. Nun ist gegen ein gefestigtes Selbstbewusstsein grundsätzlich nichts zu sagen, sofern daneben auch die Fähigkeit zur Selbstkritik gefördert wird. Daran aber fehlt es in hohem Maße. Zudem werden diese Kinder mit der zweifelhaften Haltung in die Schule geschickt: »Glaub nicht einfach, was die Lehrer erzählen. Die wissen nämlich auch nicht alles.« Das ist zwar richtig. Aber in der Regel wissen sie schon deutlich mehr als ihre Schüler, und das wird leider zu wenig betont.

Was kann man also machen, um den Besserwissern effektiv zu begegnen?

Die Gegenreaktion

Natürlich dürfen und sollen Schüler ihre Ansicht äußern, selbst wenn sie von dem abweicht, was die Lehrkraft gerade vermittelt hat. Schließlich ist die kritische Auseinandersetzung mit Informationen ein wichtiger Bildungsauftrag. Aber jeder muss für die Korrektheit seiner Behauptungen einstehen. Und wenn Schüler *Ihre* Informationen vor der gesamten Klasse pauschal als falsch bezeichnen, dann dürfen Sie entsprechend darauf reagieren.

> **Wenn Schüler Ihre Informationen öffentlich als falsch bezeichnen, müssen sie dafür den Beweis antreten.**

Es hilft nichts: Um bei diesen Schülern zumindest einen Ansatz von selbstkritischem Verhalten zu erzeugen, muss das große Selbstvertrauen auch einmal erschüttert werden. Das tun wir nicht, um den Schüler zu ärgern, sondern weil wir als pädagogische Profis wissen: Um im späteren Leben zu bestehen, ist ein gewisses Maß an Selbstkritik erforderlich. Die Art und Weise, wie Sie reagieren, ist natürlich vom Alter der Schüler abhängig. Einem Erstklässler wird man die Grenzen seines Wissens behutsamer aufzeigen als einem besserwisserischen Berufs- oder Oberstufenschüler.

Im Eingangsbeispiel lässt sich die Situation recht einfach klären, indem Sie Alexander darauf hinweisen, dass er offensichtlich die Länge eines Flusses mit der ausgestoßenen Wassermenge verwechselt hat. Falls er uneinsichtig bleibt, und auch das gibt es, hat sich folgende Entgegnung gut bewährt:

Lehrkraft: Wollen wir wetten?

Es ist erstaunlich, welch große Wirkung diese kleine Frage hat. Denn mit ihr setzen Sie der behaupteten Gewissheit des Schülers eine ebenso große Gewissheit entgegen. Mehr noch: Sie sind sogar bereit, einen Wetteinsatz zu wagen, weil Sie von der Richtigkeit Ihrer Aussage zutiefst überzeugt sind. Und nun wird es spannend: Die meisten Schüler zucken jetzt zurück und nehmen die Wette *nicht* an, was allen deutlich macht, dass sie doch nicht so sicher sind, wie sie vorgeben. Die wenigen, die nicht einknicken, erkundigen sich daraufhin nach der Höhe des Wetteinsatzes, den Sie ruhig vom Schüler bestimmen lassen können. Vermutlich wird der Einsatz niedrig gehalten, was aber weniger am begrenzten Taschengeld, sondern vielmehr an den allmählich auftauchenden Zweifeln liegt. Damit ist das erste pädagogische Zwischenziel erreicht: Der Schüler überdenkt nun zum ersten Mal selbstkritisch seine Äußerung. Wetten Sie um einen Kaffee, einen Kaugummi, eine Lakritzschnecke, notfalls einfach nur »ums Recht«, also um die Feststellung, wer denn nun mit seiner Behauptung Recht hat.

Dann wird die Wette präzisiert, schließlich muss klar definiert werden, wer was genau behauptet hat. Geht es um die Länge des Flusses oder um die von ihm ausgestoßene Wassermasse? Dieser Schritt ist ebenfalls pädagogisch wertvoll, denn er dient der sprachlichen bzw. inhaltlichen Präzision. In einem zweiten Schritt fördert die Wette das eigenständige Recherchieren, eine Tätigkeit, die für die Schule nicht hoch genug eingeschätzt werden kann. Der Schüler muss nun den Beweis für seine stramme Behauptung antreten und eine Quelle finden, die seine Behauptung belegt.

In der nächsten Stunde wird die Angelegenheit geklärt, wobei wir annehmen wollen, dass Sie Recht hatten. Deswegen sollten Sie aber kein Triumphgeheul ausstoßen und den Schüler bloßstellen, denn das haben Sie nicht nötig. Sie haben einfach Recht gehabt. Das war doch klar, das ist keine große Sache.

Deshalb brauchen Sie auch Ihren Wettgewinn nicht wirklich einzufordern, sondern können großzügig darauf verzichten. Schließlich geht es Ihnen ja nicht um einen materiellen Gewinn, sondern nur darum, typischen Besserwissern einmal einen kleinen Dämpfer zu verpassen, damit sie etwas selbstkritischer werden. Das ist der größte Gewinn – für beide Seiten.

❸ Ich bin fertig!

Die Situation

Es ist Mittwochmorgen und die sympathische Kollegin Anna Nass möchte in ihrer Klasse eine Nacherzählung schreiben lassen. Dazu hat sie im Deutschbuch einen Abschnitt der Novelle »Kleider machen Leute« lesen lassen, den die Schüler nun in eigenen Worten spannend nacherzählen sollen. Nach anfänglichen Schwierigkeiten machen sich die meisten Schüler an die Arbeit, viele der Mädchen sitzen mit rotem Kopf und schreiben, bis der Füllfederhalter glüht. Allerdings gibt es auch Schüler, die das Ganze entspannter angehen. Insbesondere Jerome scheint sich kein Bein auszureißen. Trotzdem erschallt schon nach kurzer Zeit sein Ruf:

Schüler: Ich bin fertig!
Lehrkraft: Was? Das kann doch nicht sein. Zeig mal her.
Schüler: Doch, bestimmt. Ich bin fertig.

Als die Kollegin sich das Geschriebene anschaut, wird ihr einiges klar: Vor ihr liegen etwa acht Zeilen Text, die zudem noch ausgesprochen unsauber geschrieben sind. Beim Überfliegen des Textes entdeckt sie nicht nur inhaltliche Lücken. Sie muss auch feststellen, dass es keine spannende Nacherzählung, sondern eine mehr als trockene Inhaltsangabe ist.

Die Absicht

Welche Strategie verbirgt sich hinter der Aussage, schnell fertig zu sein? Dazu müssen wir etwas ausholen, weil dieses Schülerverhalten seinen Ursprung in der Grundschulzeit hat. Hier werden von den Kolleginnen – deren Arbeit nicht hoch genug zu schätzen ist – die Weichen für das gesamte weitere Schulleben gestellt. Das, was die Schüler dort lernen, verinnerlichen sie so sehr, dass es später kaum noch zu korrigieren ist.

Was nun läuft in vielen Grundschulen ab? Wer mit der gestellten Aufgabe fertig ist, darf spielen. Das ist von mir sehr spitz formuliert, denn der offizielle Terminus lautet in vielen Bundesländern wohlklingend »Freiarbeit«. Aus Sicht der Schüler bedeutet diese Regelung aber: Sobald ich fertig bin, darf ich etwas Angenehmes machen. Ich darf ein Puzzle legen, Mandalas ausmalen oder an den

Computer. Genau das speichern die Schüler im Gehirn ab, verinnerlichen es und nehmen es mit in die weiterführende Schule.

Damit wir uns nicht missverstehen: Ich verstehe die Kolleginnen der Grundschule, die schon seit Jahrzehnten aktiv Inklusion betreiben und immer heterogenere Schüler unter einen Hut bringen müssen. Das ist kaum zu schaffen. Darum sind sie für jeden Schüler dankbar, um den sie sich nicht mehr zu kümmern brauchen. Dann haben sie nämlich Zeit für die anderen, die deutlich länger brauchen. Und solange diejenigen, die »fertig« sind, in der Ecke spielen und nicht stören, scheint es keine negativen Nebenwirkungen zu geben. Was an der Grundschule aus verständlichen Gründen gemacht wird, stellt die weiterführenden Schulen allerdings vor erhebliche Probleme. Den Schülern muss deshalb nachdrücklich klargemacht werden:

> **Das Ziel ist nicht, möglichst schnell irgendwie fertig zu werden, sondern so sorgfältig wie möglich zu arbeiten.**

Um dies in der Praxis umzusetzen, kann man Jeromes flotter, aber vorschneller Behauptung: »Ich bin fertig!« durchaus etwas entgegensetzen.

Die Gegenreaktion

Bereits im Vorfeld kann man Maßnahmen treffen, um solche übereilten Fertigmeldungen einzudämmen. Leider präzisieren viele Kollegen ihre Aufgabenstellung nicht genug und öffnen damit einer Schnellbearbeitung Tür und Tor. Denn machen wir uns nichts vor: Was von uns als Lehrkraft nicht ausdrücklich gefordert wird, das wird von ökonomisch arbeitenden Schülern wie Jerome auch nicht gemacht. Wer also nur pauschal verlangt, eine Nacherzählung zu verfassen, macht es den Schülern leicht und sich selbst schwer. Umgekehrt ist es besser. Wenn nämlich der Arbeitsauftrag lautet, mindestens eine Seite zu schreiben, dies noch in sauberer Schrift, und außerdem noch mindestens dreimal wörtliche Rede zu verwenden, dann liegen nachvollziehbare Kriterien fest. Werden diese zusätzlich an der Tafel festgehalten, so kann der Äußerung »Ich bin fertig!« entgegengehalten werden:

Lehrkraft: Hast du sauber geschrieben?
Schüler: Na klar.
Lehrkraft: Hast du wirklich eine ganze Seite geschrieben?
Schüler: Na ja, fast.
Lehrkraft: Und hast du dreimal wörtliche Rede verwendet?
Schüler: Weiß ich nicht.
Lehrkraft: Dann überprüfe es und melde dich wieder, sobald du drei wörtliche Reden eingebaut und eine ganze Seite geschrieben hast.

Nun stellt sich die Situation schon ganz anders dar: Dem Schüler wird vor Augen geführt, welche Kriterien des Arbeitsauftrages er nur teilweise oder noch gar nicht erfüllt hat. Er sieht folglich, was alles fehlt, um wirklich fertig zu sein.

Jerome ist allerdings ein Schlitzohr. Deshalb lassen Sie uns einmal das »Worst-Case-Szenario« durchspielen. Er verbessert ganz auf die Schnelle seinen Text, kommt wieder zu Ihnen und Sie stellen fest: Weil er sich keine Mühe gegeben hat, ist sein Text zwar nicht optimal, aber er erfüllt Ihre Anforderungen in minimaler Weise. Was nun?

Um unser Ziel zu erreichen, Schüler zum sorgfältigen Arbeiten zu bringen, sollten Sie dem Schüler verdeutlichen: Mit einem Arbeitsauftrag fertig zu sein, bedeutet nicht, spielen zu dürfen oder gar frei zu haben. Die schöne Zeit der Grundschule ist vorbei. An den weiterführenden Schulen geht es immer weiter – deswegen heißen sie ja auch so. Um »Schnellarbeiter« wie Jerome zu fördern und zu fordern, liegt deshalb schon ein Arbeitsblatt bereit, das er im Anschluss an seine Nacherzählung bearbeiten kann. Dieses Verfahren ist nicht nur einfach, sondern auch wirkungsvoll, allerdings nur, wenn es reibungslos abläuft. Für die Schnellarbeiter sollten Sie deshalb – gut sichtbar – auf Ihrem Lehrertisch einen Kasten mit ergänzenden Arbeitsblättern haben. Wer meint, mit seiner Aufgabe wirklich fertig zu sein, kommt zu Ihnen an den Tisch. Dort legt er seine angefertigte Nacherzählung ab und holt sich die nächste

Aufgabe. Sie müssen gar nicht viel reden, sondern weisen nur bedeutungsvoll auf den Kasten mit den Zusatzaufgaben. Spätestens wenn der Schüler sich den dritten Arbeitsauftrag holt, während die Mitschüler noch über dem ersten brüten, dämmert ihm, dass es bei Ihnen viel günstiger ist, langsam und sorgfältig zu arbeiten.

Die praktische Schwierigkeit besteht ganz banal darin, etwaige Zusatzaufträge wirklich schon *griffbereit* vorliegen zu haben. Wer dafür erst umständlich das Folgeblatt aus seinen Unterlagen heraussuchen und damit in den Kopierraum gehen muss, um es zu kopieren, der gibt dem Schüler (und seinen Mitschülern) eben doch eine Belohnung in Form von Freizeit. Damit die Schüler Ihrer Ankündigung (weitere Arbeitsaufträge) glauben und sie nicht als typischen Lehrerbluff einstufen, müssen sie den Stapel weiterer Arbeitsblätter mit eigenen Augen auf Ihrem Tisch sehen.

 Aber ich finde das gut so!

Die Situation

Donnerstag, 6. Stunde, Kunst in der 7. Klasse bei Anna Nass. Die Schüler sollen ein Dschungelbild mit möglichst vielen verschiedenen Grüntönen malen. Weil die Kollegin die Anmerkungen des vorigen Kapitels beherzigt hat, schreibt sie mit grüner Kreide an die Tafel: »7 verschiedene Grüntöne«. Darüber hinaus lässt sie es die Schüler sogar wiederholen, indem sie fragt: »Wie viele Grüntöne sollen es mindestens sein?«, und die Klasse antwortet im Chor: »Sieeeben!«

Es scheint also alles in bester Ordnung, und die Kollegin ist mit sich und der Welt zufrieden. Nach einer Weile erhebt sie sich von ihrem Platz am Lehrertisch und geht durch die Reihen, um zu schauen, wie die Schüler arbeiten. Diese haben größtenteils schon sieben verschiedene Grüntöne ermischt und füllen mit ihnen das Blatt. Nur bei Chantal sieht es deutlich anders aus: Zwar ist das weiße Blatt schon fast ganz mit Farbe gefüllt, aber es sind beim besten Willen nur vier Grüntöne zu erkennen. Deshalb entwickelt sich folgender Dialog:

Lehrkraft: Aber Chantal, das sind doch keine sieben Grüntöne.
Schülerin: Ja, ich weiß.
Lehrkraft: Aber ihr solltet doch mindestens sieben Grüntöne einsetzen.
Schülerin: Ja, ich weiß. Aber ich finde das gut so.

Damit ist klar: Es liegt kein Missverständnis vor. Chantal weiß wie alle anderen ganz genau, was gefordert ist, setzt sich aber selbstbewusst über die Vorgabe der Lehrkraft hinweg.

Die Absicht

Wie bereits erwähnt, streben schwierige Schüler mit ihren Äußerungen meistens ihr Hauptziel an: Arbeitsvermeidung oder Arbeitserleichterung. Natürlich gibt es auch Schüler, die für sich selbst die Latte noch ein Stückchen höher legen (»Können wir auch zehn Grüntöne machen?«), um zu zeigen, dass sie besser als der Durchschnitt sind. Bei diesen Schülern besteht jedoch die Gefahr, dass sie sich zu viel vornehmen und dann an ihren eigenen (überzogenen) Ansprüchen scheitern.

Aber Chantal gehört nicht dazu. Sie reduziert die Anforderungen, allerdings mit einer geschickten Strategie. Sie behauptet nicht etwa, sieben Grünstufen zu ermischen, sei für sie zu schwierig. Davon ist nicht einmal ansatzweise die Rede. Chantal argumentiert mit ihrem persönlichen Geschmack – und über den kann man ja bekanntlich nicht streiten, sondern muss ihn als Ausprägung der Individualität akzeptieren.

Wie kommt Chantal zu ihrer Auffassung? Nur selten entstehen solche Einstellungen aus dem Nichts, vielmehr könnte dahinter die verbalisierte Haltung der Eltern stehen: »Deine Meinung ist genauso viel wert wie die des Lehrers!«

Das hört sich erst einmal gut an, und viele Schüler und Eltern werden vermutlich voller Begeisterung zustimmen. Trotzdem muss dieser Satz relativiert werden. Zutreffend ist er bei Fragen des persönlichen Geschmacks, also der Meinung eines Schülers über die zentrale Ernährungsfrage: »McDonald's oder Burger King, wer ist besser?« und die Anschlussfrage, ob man dort Ketchup oder lieber Mayo zu den Pommes nehmen sollte. Selbst in der freien Erörterung »Wo möchtest du lieber leben, in der Stadt oder auf dem Land?« zählt die begründete Meinung des Schülers genauso viel wie die Auffassung des Lehrers.

Sobald es allerdings darum geht, ob im Kunstunterricht sieben Grünabstufungen erforderlich sind, um die gesetzten Anforderungen zu erfüllen, oder ob nicht doch vier genügen, tritt die Meinung des Schülers zurück und die Auffassung der Lehrkraft hat Vorrang. Denn jetzt geht es nicht mehr um Fragen des persönlichen Geschmacks, sondern um objektive Vorgaben, die eine spätere Benotung begründen.

Die Gegenreaktion

Ohne die Meinungsfreiheit der Schüler in irgendeiner Weise zu beschränken, ist es hilfreich, so früh wie möglich klarzustellen: Bei dieser präzisen Aufgabenstellung darf Chantal zwar ihre Ansicht äußern, aber sie kann nicht einfach, vor allem nicht ohne vorher zu fragen, die Aufgabenstellung zu ihren Gunsten abändern.

> **Klar vorgegebene Anforderungen dürfen nicht einfach von den Schülern verändert werden, auch nicht aus Gründen des persönlichen Geschmacks.**

Ja, ich weiß, die Welt und insbesondere die Schule sind in hohem Maße ungerecht. Nicht die Schüler bewerten ihre Arbeiten, sondern Außenstehende. Allerdings soll sich dieses eigenartige Prinzip, die Beurteilung durch qualifizierte Dritte, auch in anderen Bereichen finden. Nicht nur in der Berufsausbildung, sondern ebenso im späteren Beruf werden Menschen von ihrem Vorgesetzten beurteilt, vermutlich weil man davon ausgeht, diese Beurteilung sei objektiver, als wenn die Betreffenden sich selbst beurteilen. Man wird also damit leben müssen – bis man etwas Besseres findet.

Je früher Schüler dies begreifen, desto eher lernen sie, sich mit dieser Situation zu arrangieren. Also könnte der Dialog in netter Form vielleicht so weitergehen:

Lehrkraft: Ihr solltet doch mindestens sieben Grüntöne einsetzen.
Schülerin: Ja ich weiß. Aber ich finde das gut so.
Lehrkraft: Das mag ja sein, aber *ich* gebe die Noten.

Zugegeben, das war recht knapp und nicht besonders einfühlsam. Aber es hat die Situation schnell und vor allem eindeutig geklärt. Wer eine weichere Variante anstrebt, könnte (einfühlsamer) formulieren:

Lehrkraft: Chantal, ich finde es ganz toll, dass du deinen eigenen Geschmack hast und trotz meiner klaren Vorgaben an ihm festhältst. Aber du solltest auch mich verstehen. Ich muss ja später eure Arbeiten benoten und dafür sollten sie einigermaßen vergleichbar sein. Und wenn du jetzt nur vier Grünabstufungen machst, die anderen aber alle sieben, dann wird das für mich sehr schwierig.

Ich weiß nicht, welche Variante Ihnen mehr zusagt. Die Menschen sind halt unterschiedlich. Sicher hängt es nicht zuletzt vom Alter der Schüler ab und davon, ob Chantal die Aufgabenstellung bereits zum wiederholten Mal selbstständig vereinfacht hat.

Ein wichtiger Aspekt, der am Schluss der einfühlsamen Variante angedeutet wird, muss solch kreativen Geistern auf jeden Fall bewusst sein.

Lehrkraft: Also Chantal, du hast dich entschieden, ohne meine Erlaubnis nur vier Grünabstufungen zu mischen, das ist natürlich deutlich weniger Arbeit.
Schülerin: Und was heißt das?
Lehrkraft: Ganz klar: Weil du es ja einfacher hattest, wird es einen Notenabzug geben. Damit das nicht noch einmal passiert, solltest du dich in Zukunft besser an meine Vorgaben halten. Denn ich glaube, auch du hättest es – wie die anderen – schaffen können, sieben Grünabstufungen zu erzielen.

Die letzte Replik zeigt der Schülerin nicht nur, dass Sie ihr Ziel, die Aufgabenstellung für sich zu vereinfachen, durchschaut haben, sondern dass Sie es ihr ebenfalls zutrauen, eine schwierige Aufgabe mit passablem Ergebnis zu lösen.

Die Ausredner

Die Schüler dieser Gruppe haben bereits eine zentrale Lebenserfahrung gemacht, und zwar: Eine gute Ausrede kann unter Umständen mehrere Stunden harter Arbeit ersetzen. Und da es bei einer ökonomischen Lebensführung darum geht, mit möglichst wenig Aufwand ein möglichst gutes Ergebnis zu erzielen, wäre man als Schüler ziemlich dumm, wenn man sich diese zeitsparende Gelegenheit entgehen ließe.

Zudem wissen diese Schüler, dass viele Lehrkräfte unter ständigem Zeitdruck stehen und nicht vernünftig »Buch führen«. Tatsächlich glauben manche, sie könnten im Kopf behalten, wer seine Hausaufgaben »vergessen«, die fehlende Berichtigung nachgereicht oder die fehlende Hausaufgabe inzwischen vorgezeigt hat.

Dieses enorme Vertrauen in die eigenen geistigen Kräfte ist angesichts der Tatsache, als durchschnittliche Lehrkraft an weiterführenden Schulen etwa 150 Schüler zu betreuen, eine grandiose Selbstüberschätzung. Niemand kann sich all diese vielen kleinen

Pflichtverstöße der Schüler merken. Aber einige Kollegen wollen es einfach nicht glauben, versuchen das Unerreichbare – und scheitern immer wieder damit.

Zudem besitzt die Ausrede einen sehr wirksamen Mechanismus: Sie leugnet nicht das Ergebnis, sondern verschiebt nur die Verantwortung dafür, und zwar auf die »höhere Gewalt« oder in den Bereich der menschlichen Schwäche. Das fällt bei etlichen Lehrkräften auf fruchtbaren Boden, weil sie bereit sind, die Verantwortung des Schülers für das eigene Handeln in den Hintergrund zu rücken und durch ein umfassendes Verständnis für seine Situation zu ersetzen.

Es ist schon paradox: Schüler möchten zwar grundsätzlich wie Erwachsene behandelt werden, nicht aber bei ihren Versäumnissen. Dann schwenken sie um und präsentieren ein argumentatives Kindchenschema: die Mitleid erregende Ausrede. Mit ihr können sie nur gewinnen. Denn selbst im schlimmsten Fall stehen sie nicht schlechter da, sondern müssen nur das nachholen, was sowieso zu leisten war.

 Mein Drucker war kaputt

Die Situation

Der letzte Tag der Schulwoche ist gekommen, Schüler und Lehrkräfte freuen sich auf das bevorstehende Wochenende. Bei Peter Sielje wird die Vorfreude etwas getrübt, denn er will am Wochenende die Referate seiner Klasse durchsehen, die heute (ausgedruckt) bei ihm abgegeben werden sollen. Der Termin dafür war lange vorher bekannt und auf seine gelegentlichen Nachfragen, ob die Schüler denn auch schon daran arbeiten, hörte er immer ein kollektives »Das läuft«.

Er betritt den Klassenraum, begrüßt seine Schüler und bittet sogleich um die Aushändigung der ausgedruckten Referate. Dazu geht er kreuz und quer durch den Raum und nimmt die ihm entgegen gereichten Referate an. Zurück an seinem Lehrertisch zählt er durch, um sicherzustellen, auch wirklich von jedem Schüler ein Referat bekommen zu haben. Eigentlich müssten es 27 Exemplare sein, aber selbst bei nochmaligem sorgfältigem Nachzählen kommt er nur auf 26. Und so geht es weiter:

Lehrkraft: Wer von euch hat sein Referat nicht abgegeben?
Schüler: Ich.
Lehrkraft: Und wieso nicht?
Schüler: Ich hab das gemacht, konnte es aber nicht ausdrucken. Mein Drucker war nämlich kaputt.
Lehrkraft: Na gut, dann gibst du mir es aber gleich am Montag.
Schüler: Na klar, ich hab's ja auch und muss es nur woanders ausdrucken.

Dreimal dürfen Sie raten, wer sich hier gemeldet hat. Natürlich, es ist Jerome, unser virtueller Beispielsschüler, der nicht nur ständig herhalten muss, sondern auch überdurchschnittlich oft Pech hat. Er gehört zu den Schülern, die sich – laut eigener Aussage – zwar »unheimlich anstrengen«, denen widrige Umstände aber immer wieder einen Strich durch die Rechnung machen. Zu diesen widrigen Umständen gehört, dass offensichtlich sämtliche Drucker- und Computerhersteller ihre fehlerhafte Montagsproduktion ganz gezielt an Schüler (und Studenten) ausliefern. Anders ist es (statistische Wahrscheinlichkeit = ein Ausfall alle fünf Jahre) kaum zu erklären, dass Computer und Drucker von Lehrkräften recht problemlos funktionieren, die gleichen Geräte aber bei den technisch versierten Schülern häufig im entscheidenden Moment ihren Geist aufgeben.

Die Absicht

Wer auch nur über ein wenig Realitätsnähe verfügt und gelernt hat, hinter die Kulissen zu schauen, der ahnt, dass Jeromes Aussage höchstwahrscheinlich nicht der Wahrheit entspricht. Vermutlich hat er immer wieder das Referat vor sich hergeschoben, in der trügerischen Hoffnung, es auf den letzten Metern noch zu schaffen. Aber selbst mit Wikipedia und »copy and paste« funktioniert dies häufig nicht, weil immer etwas Unvorhergesehenes dazwischenkommt. Das ist ein Naturgesetz, welches niemanden verschont.

Wie also geht Jerome in dieser Situation vor? Schließlich lässt sich das fehlende Referat nicht herbeizaubern. Als Möglichkeit kommt auch das Fehlen wegen Krankheit in Betracht. Aber wenn aus sozialen Gründen der Schulbesuch an diesem Tag interessant ist, lohnt es sich, die nächstbeste Variante zu wählen. Das ist vor allem dann Erfolg versprechend, wenn die Lehrkraft als verständnisvoll eingestuft wird, was laut glaubwürdigen Schüleraussagen auf 80 Prozent der Lehrkräfte zutrifft. In acht von zehn Fällen gibt es also keinen Abzug, sondern nur eine mehr oder weniger strenge Ermahnung, eine Konsequenz, mit der man als Schüler sehr gut leben kann. Zudem ist ja nicht völlig auszuschließen, dass der Drucker am Vorabend tatsächlich in den Streik getreten ist. Der technische Defekt ist folglich ein probates Mittel, das nicht vorliegende Referat zu entschuldigen.

Die Gegenreaktion

Ausreden dieser Art sind Ihnen natürlich zur Genüge bekannt. Da fällt nicht nur der Drucker (oder Computer) aus, sondern sogar harmlose Haustiere mutieren zuweilen zu mächtigen Monstern, die Berge von Papier verschlingen oder zerfetzen. Ähnliches wird aus verlässlichen Quellen von kleineren Geschwistern berichtet. Selbst befreundete Mitschüler können zur Entlastung dienen. So wurde mir von Jerome ein plattgewalzter USB-Stick vorgelegt, auf den sein Freund (Sascha-Pascal) leider aus Versehen getreten war. Deshalb konnte das geplante Ausdrucken in der Schule leider nicht erfolgen. Da Sascha-Pascal seinen unbedachten Tritt ohne Zögern zugab, war Jerome entschuldigt.

Wie begegnet man solchen Ausreden erfolgreich? Indem man bereits im Vorfeld agiert und nicht erst, wenn die Ausrede vorgetragen wird. Denn wenn man dann erst auf unangenehme Konsequenzen hinweist, lauten die häufigsten Entgegnungen:

▶ Das wusste ich nicht.
▶ Das haben Sie vorher aber nicht gesagt.

Dem gilt es also vorzubeugen. Zudem ist es aus Gründen der Fairness wichtig, den Schülern *vorher* zu sagen, mit welchen Konsequenzen sie bei einer verspäteten Abgabe rechnen müssen. Dafür muss jedoch die Grundvoraussetzung geklärt werden, die da lautet:

> **Die Schüler sind dafür verantwortlich, dass ihre Arbeit termingerecht vorliegt.**

Entscheidend ist das letzte Wort. Denn es geht nicht um die Anfertigung der Arbeit – das kann die Lehrkraft gar nicht überprüfen –, sondern um die Abgabe bei Ihnen. Und das Risiko bis zum Abgabezeitpunkt trägt der Schüler. Er hat die nötigen Vorkehrungen zu treffen, damit die Arbeit wohlbehalten bei Ihnen ankommt.

Natürlich dürfen Sie als Lehrkraft vorgeben, was dafür zu tun ist, z. B. bei Arbeiten mit dem Computer nach allen wesentlichen Schritten Sicherheitskopien anzufertigen, und zwar nicht nur eine. Eine weitere bewährte Vorkehrung besteht darin, Vortermine zu setzen, indem Sie *verpflichtend* fordern, dass die Schüler spätestens eine Woche vor dem Abgabetermin anfangen und Ihnen drei Tage vorher elektronisch (oder in Papierform) das einreichen, was sie bis dahin erarbeitet haben. Damit die Schüler Ihnen am nächsten Tag etwas vorlegen können, sind sie gezwungen, wenigstens vier Tage vor der Abgabe anzufangen. Diese Regelung sollten Sie nicht nur mündlich verkünden, sondern von den Schülern aufschreiben und wiederholen lassen, damit es auch alle verstanden haben. Sie können auch einen Zettel verteilen, auf dem dies alles steht, müssen dann aber genau vermerken (Buchführung!), wer in der Stunde anwesend war und den Zettel empfangen hat und wer nicht.

Noch günstiger ist es allerdings, wenn Sie die Schüler eine Liste möglicher Vorsichtsmaßnahmen erstellen lassen. Vor allem die Pflichtbewussten werden begeistert daran mitarbeiten. Sie arbeiten nämlich gewissenhaft, um den Termin einzuhalten, und es stört sie erheblich, wenn andere den Termin versäumen und trotzdem keine negative Konsequenz zu spüren bekommen.

Die von Ihnen vorgesehene Konsequenz für das Versäumnis sollte ebenfalls vorher unmissverständlich klar sein. Und diese, falls Sie das nicht für zu hart halten, kann eigentlich nur ein Notenabzug sein, z. B. für jeden weiteren Tag eine halbe Note (in der Oberstufe ein Punkt) schlechter. Denn schließlich hatten diese Schüler mehr Zeit für die Anfertigung der Arbeit, also günstigere Bedingungen, die im Sinne einer Gleichbehandlung ausgeglichen werden sollten.

 **Mein Rad hatte einen Platten**

Die Situation

Das Wochenende ist überstanden, hat aber seine Spuren hinterlassen. Bei der Kollegin Anna Nass insofern, als sie nur wenig erholt ist, weil sie überwiegend korrigiert hat, bei den Schülern insofern, als sie mit großer Müdigkeit zu kämpfen haben. Einige sind erst gar nicht zu den ersten Stunden erschienen, sondern pflegen sich zu Hause, andere sind nur körperlich anwesend. Und dann gibt es noch die dritte Kategorie, nämlich diejenigen, die wie Sascha-Pascal zu spät kommen. Der Unterricht bei der Kollegin läuft bereits seit 15 Minuten, als Sascha die Tür öffnet, in den Raum tritt und Teil dieses Dialogs wird:

Lehrkraft: Na Sascha, wo kommst du denn jetzt her?
Schüler: Mein Rad hatte 'nen Platten. Ich bin über 'ne Glasscherbe gefahren.
Lehrkraft: Schon wieder?
Schüler: Wieso?
Lehrkraft: Na, letzte Woche war doch schon einmal etwas mit deinem Rad.
Schüler: Ja, aber da war die Kette abgesprungen.
Lehrkraft: Vielleicht solltest du dein Rad mal überprüfen.
Schüler: Ja, das stimmt, aber es ist halt eine alte Krücke.
Lehrkraft: Na gut, setz dich erstmal hin, ich komme gleich zu dir und erklär dir, was wir gerade machen.

Wenn Schüler zu spät kommen, sind solche Dialoge durchaus typisch, auch hinsichtlich der Länge. Manchmal sind sie sogar noch länger. Doch dazu gleich mehr.

Die Absicht

Ähnlich wie im vorigen Beispiel (des kaputten Druckers) liegt auch hier eine mehr oder weniger originelle Ausrede vor, die das Zuspätkommen entschuldigen soll. Dabei greifen die Schüler wie gewohnt auf kleine menschliche Schwächen (eher ungünstig) oder auf widrige Umstände (deutlich günstiger) zurück, die vom Betreffenden kaum zu steuern sind und damit in die Nähe der »höheren Gewalt« rücken.

Was ist nun höhere Gewalt? Es handelt sich dabei um ein außergewöhnliches Ereignis, das selbst mit größter Sorgfalt oder Willensanstrengung des Betroffenen nicht zu verhindern ist. Sturm, Erdbeben, Blitzschlag oder andere Naturkatastrophen sind die bekanntesten Beispiele hierfür. Die Glasscherbe, die vielleicht auf dem Fahrradweg liegt, gehört zwar nicht dazu, weil man sie bei aufmerksamer Fahrweise theoretisch erkennen könnte, ist aber deutlich wahrscheinlicher als der Ausfall eines Druckers am Vorabend der Referatsabgabe.

Häufen sich die unglücklichen Zufälle, die das Zuspätkommen verursachen, drängt sich der begründete (!) Verdacht auf, entweder mit einem absoluten Pechvogel (selten) oder einer »unglaubwürdigen Schutzbehauptung« (häufig) konfrontiert zu sein. Wie kann man hierauf reagieren? Trotz der Ähnlichkeit mit dem vorhergehenden Beispiel hat sich beim Zuspätkommen eine andere Gegenreaktion gut bewährt.

Die Gegenreaktion

Wer sich in einer solchen Situation auf ein Frage-Antwort-Spiel einlässt, kann nicht gewinnen, sondern hat bereits verloren. Er weiß es nur noch nicht. Die Mitschüler, die das Gespräch gespannt verfolgen, erkennen die Niederlage nach Punkten allerdings sehr schnell.

Denn erstens unterbricht die Kollegin ihren regulären Unterricht wegen des Zuspätkommers, er bekommt also nicht nur mehr Aufmerksamkeit, sondern steuert indirekt auch, wann unterrichtet wird und wann nicht. Zweitens kann er die Lehrkraft durch witzige Repliken und haarsträubende Ausreden vorführen, wohl wissend, dass man ihm nicht das Gegenteil beweisen kann. Drittens sind die Möglichkeiten, das Zuspätkommen wirksam zu sanktionieren, im heutigen Schulalltag sehr begrenzt. Wie lautet denn die typische Antwort einer schülerfreundlichen Schulleitung, falls Sie wegen solcher Verspätungen belastende Maßnahmen gegen den Schüler verhängen wollen? »Seien Sie doch froh, dass er überhaupt gekommen ist!« Stimmt's?

Das wissen auch die Schüler, weshalb ja auch immer mehr Kollegen resignieren und das Zuspätkommen achselzuckend zur Kenntnis nehmen. Das muss aber nicht sein, denn es gibt ein einfaches und effektives Gegenmittel, das Zuspätkommen deutlich zu reduzieren.

> **Unterbrechen Sie nicht Ihren wertvollen Unterricht. Beachten Sie den zu spät kommenden Schüler nicht, sondern schicken Sie ihn stumm an seinen Platz und lassen Sie ihn dort das Formular ausfüllen.**

Welches Formular? Na ja, das Formular für Zuspätkommer, das Sie als Kopiervorlage im Anhang (Nr. 1) finden und das den Spieß wirksam zu Ihren Gunsten umdreht. Der Schüler bekommt keine besondere Aufmerksamkeit mehr, vor allem wird ihm die Möglichkeit genommen, sich durch geistreiche Ausreden in Szene zu setzen. Stattdessen darf er (in ganzen Sätzen!) aufschreiben, warum er zu spät gekommen ist und was er (in ganzen Sätzen!) in Zukunft unternehmen wird, um eine Wiederholung zu vermeiden. Da er das Formular zudem mit Datum und seinem Namen versehen muss, haben Sie einen wasserdichten Beleg für das Zuspätkommen, den Sie bei geeigneter Gelegenheit den Eltern präsentieren können.

Glauben Sie mir, selbst wenig kooperative Eltern sind beeindruckt, wenn Sie ihnen einen Stapel solcher Nachweise für das häufige Zuspätkommen auf den Tisch legen. Damit heißt es für Sie: Spiel, Satz und Sieg.

 Ich konnte das nicht

Die Situation

Am Freitag hatte Peter Sielje seinen Schülern im Fach Deutsch als Hausaufgabe aufgegeben, einen Zeitungsbericht zu schreiben. Die erste und wichtigste Frage der Schüler war nicht: »Wie macht man das?«, sondern (wie fast immer): »Wie lang soll das sein?« Der Kollege erklärte, dass der Text ungefähr eine Heftseite füllen sollte. Nun ist Dienstag und Sielje macht sich daran, die Hausaufgaben zu überprüfen. Er geht durch die Reihen und schaut sich mit kritischem Blick an, was ihm die Schüler vorlegen. Schließlich soll sich ein peinliches Erlebnis seiner Referendarzeit nicht wiederholen, als ihm ein gerissener Schüler einfach statt des Deutschheftes sein Geschichtsheft vorlegte und er dies nicht bemerkte.

Weil Sielje also nicht nur oberflächlich, sondern sorgfältig kontrolliert, stellt er fest, dass sich in Chantals Heft nur knappe drei Zeilen mit Geschriebenem befinden. Deshalb entwickelt sich dieser kurze Dialog:

Lehrkraft: Chantal, ihr solltet eine Seite schreiben. Wieso hast du nur so wenig?
Schülerin: Herr Sielje, ich konnte das nicht.

Ich glaube, dass Ihnen diese Aussage bekannt vorkommt, weil sie nämlich zurzeit groß in Mode ist. Hinter ihr steckt nämlich eine geschickte Argumentation, für die es aber glücklicherweise ein verlässliches Gegenmittel gibt.

Die Absicht

Misstrauisch, wie ich nun einmal bin, unterstelle ich, dass diese Behauptung (»Ich konnte das nicht!«) in einigen Fällen nicht den Tatsachen entspricht. Als Lehrkraft mit Praxiserfahrung folgen Sie mir vielleicht sogar bei dieser Einschätzung. Wir können offenlassen, ob die Eltern dieser Ausrede den Weg bereitet haben, indem sie ihrem Kind einmal in einer stillen Stunde gesagt haben: »Kind, wenn etwas in der Schule für dich zu schwierig ist, dann brauchst du das nicht zu machen!« Unbestritten steckt in dem knappen Satz »Ich konnte das nicht!« jedoch eine raffinierte Strategie, die eine genaue Analyse wert ist.

Die Schülerin betont mit dieser Aussage indirekt ihre grundsätzliche Leistungsbereitschaft, denn die eigentliche Ursache dafür, dass heute nur drei Zeilen der Hausaufgabe im Heft stehen, liegt definitiv nicht bei ihr. Aber woran liegt es dann? Na ja, die Hausaufgabe war einfach zu schwierig für die Schülerin, weil die Lehrkraft sie nicht richtig ausgewählt, vorbereitet oder erklärt hat. So wird die Aussage »Ich konnte das nicht!« weniger zu einem Eingeständnis des eigenen Unvermögens, als vielmehr zu einem indirekten Vorwurf gegen die Lehrkraft. Schließlich soll man als gute Lehrkraft ja nur solche Hausaufgaben aufgeben, die von *allen* Schülern gelöst werden können, was ganz offensichtlich nicht der Fall war.

Wie kann man dieser Argumentation nun wirksam begegnen?

Die Gegenreaktion

Es gibt gleich mehrere Maßnahmen, mit denen Sie (ohne viel Aufwand) schon im Vorfeld die »Ich-konnte-das-nicht-Strategie« erfolgreich aushebeln können. Der erste und wichtigste Schritt besteht darin, nach einer Aufgabenstellung immer zu fragen, ob die Aufgabe allen Schülern wirklich klar ist. Das hört sich banal an, ist es aber ganz und gar nicht. Denn dafür ist es notwendig, die Hausaufgabe rechtzeitig zu stellen und nicht erst beim Ertönen des Pausengongs, wenn die Schüler bereits ihre Sachen einpacken. Da ist das durchschnittliche Schülerhirn schon im Pause-Modus und für erläuternde Informationen nicht mehr zugänglich. Die Frage, ob die Aufgabenstellung wirklich klar ist, dürfen Sie sogar zweimal stellen. Denn damit wird die argumentative Rückzugsmöglichkeit noch weiter versperrt.

Da Sie möchten, dass alle Schüler die Aufgabe lösen können, sollten Sie anbieten, die Aufgabenstellung notfalls noch einmal in einem Einzelgespräch nach dem Stundenende zu erläutern. Ich glaube zwar nicht, dass von diesem Angebot häufig Gebrauch gemacht wird, weil ja auch die Schüler einen Teil ihrer wertvollen Pause opfern müssten, aber es dient Ihrer Absicherung. Denn nun kann niemand behaupten, die Aufgabenstellung sei nicht klar gewesen oder sei von Ihnen nicht ausführlich genug erklärt worden. Am wirksamsten ist jedoch die dritte Maßnahme:

> **Schüler, die behaupten, die Aufgabe nicht lösen zu können, müssen stattdessen eine Ersatzleistung erbringen.**

Eine wirkungsvolle Möglichkeit besteht darin, seinen Schülern anzubieten:

Lehrkraft: Also, falls die Hausaufgabe für euch zu schwierig sein sollte – gar kein Problem. Dann schreibt ihr bitte 50 Mal ins Heft: »Ich konnte die Hausaufgabe nicht lösen, weil sie so schwierig war, möchte aber trotzdem zeigen, dass ich leistungsbereit bin.«

Dieses Vorgehen wird beiden Seiten gerecht: Der Schüler wird psychologisch entlastet, weil er sich nicht mit einer (für ihn) unlösbaren Aufgabe herumquälen muss, Sie als Lehrkraft sehen aber seine ungebrochene Leistungsbereitschaft. Je nach Alter der Schüler braucht dieser Satz ja vielleicht nicht 50 Mal geschrieben zu werden, oft reichen schon 25 oder 30 Mal. Das Erstaunliche und Erfreuliche nach Verkündung dieser Gegenmaßnahme: Viele Hausaufgaben werden für die Schüler wieder machbar. Ich habe keine Ahnung, woran das liegt.

Nun etwas ernsthafter. Es muss nicht das wiederholte Schreiben dieses Satzes sein, obwohl es sehr gut wirkt, möglich sind auch andere Ersatzleistungen, wie das Abschreiben einer Seite aus dem entsprechenden Lehrbuch. Wem der geforderte Zeitungsartikel als unlösbare Aufgabe erscheint, der schreibt eben die Passage des Deutschbuches ab, in der erklärt wird, wie man einen Zeitungsbericht verfasst. Wichtig ist, den Schülern begreiflich zu machen, dass sie mit ihrer beliebten Ausrede – zumindest bei Ihnen – keine Arbeit vermeiden können, sondern Ersatzleistungen erbringen müssen, die mindestens den gleichen Arbeitsaufwand erfordern.

Das geht nicht!

Situation

Die Schulwoche schreitet voran und wir befinden uns im Mathematikunterricht (Geometrie) der Kollegin Nass. Die Schüler sollen einen Pyramidenstumpf zeichnen und später berechnen. Das Zeichnen ist nicht ganz einfach, aber natürlich möglich, zumal die Kollegin ausführlich erklärt hat, wie dabei vorzugehen ist. Zudem hat sie die wichtigsten Schritte noch einmal an der Tafel fixiert. Trotzdem kommt es zu folgendem Gespräch, das damit beginnt, dass Jerome laut in den Raum ruft:

Schüler: Das geht nicht!
Lehrkraft: Jerome, ich komme gleich zu dir und gucke mir das an.
Schüler: Aber das geht wirklich nicht!
Lehrkraft: Natürlich geht das. Ich zeig dir gleich, wie.

Wir können das Gespräch hier getrost abbrechen, weil Jerome bereits mit diesen wenigen Worten sein Ziel erreicht hat.

Die Absicht

Viele Lehrkräfte mögen es nicht aussprechen, ahnen aber dunkel, dass ein Hauptziel von Schülern darin besteht, Arbeit zu vermeiden oder auf andere abzuwälzen. Warum eigentlich nicht auf die Lehrkraft? Schließlich ist sie fachlich ausgebildet, kann also die Aufgabe, für die ein Schüler sich lange abmühen muss, in einem Bruchteil der Zeit lösen. Was liegt also näher, als der Lehrkraft die Arbeit zu übertragen, und zwar so, dass sie das gute Gefühl hat, es freiwillig zu tun? Darin besteht ja die Kunst der geschickten Manipulatoren: Sie lassen ihre Arbeit von anderen erledigen, ohne dass diese es als unangenehm empfinden.

Die Strategie dafür ist eine raffinierte Mischung aus behaupteter Hilflosigkeit und dem versteckten Vorwurf, die Lehrkraft hätte einen Fehler gemacht, indem sie eine Aufgabe gestellt hat, die objektiv nicht lösbar ist. Die meisten Lehrkräfte werden ohne zu zögern in diese Falle tappen, weil sie zum einen hilfsbereit erscheinen, zum anderen aber demonstrieren wollen, wie kompetent sie sind. Wer wollte das als Schüler nicht gerne zugestehen, sofern einem dafür die Arbeit abgenommen wird?

Die Gegenreaktion

Falls Sie der Meinung sind, die von Ihnen gestellte Aufgabe sei lösbar, und zwar auch von Jerome, sollten Sie seiner Äußerung etwas entgegensetzen. Fallen Sie nicht auf den Trick herein, schnell den Beweis anzutreten, dass eine Lösung möglich ist, indem Sie für Jerome den geforderten Pyramidenstumpf kurz skizzieren. Es mag zwar von Ihrer Kompetenz zeugen, die Sie jedoch den Schülern gegenüber nicht nachweisen müssen. Denn natürlich können Sie als fachlich ausgebildete Lehrkraft das Problem schnell lösen, aber die Schüler können es – mit mehr Zeit – ebenfalls.

> **Nehmen Sie Schülern nicht ihre Arbeit ab, nur um zu zeigen, dass sie doch machbar ist.**

Suchen Sie sich also Mitschüler von Jerome, die auf dem richtigen Weg sind. Denn diese demonstrieren (viel besser als Sie!), dass die Aufgabe nicht nur von Lehrkräften, sondern auch von Schülern dieser Altersgruppe lösbar ist. Damit stärken Sie zugleich diejenigen, die ernsthaft an einer Lösung arbeiten und nicht gleich – mit der flotten Behauptung, es gehe nicht – die Flinte ins Korn werfen.

Der nächste Punkt betrifft den Umstand, dass Jerome Ihren Unterricht unterbricht, indem er seinen Hilferuf einfach in die Klasse schleudert. Um dem entgegenzuwirken, hat sich ein »Hilfeschild« bewährt, das ich Ihnen kurz vorstellen möchte.

Auf dieses Schild, eigentlich ein dreiseitiges Prisma, wird auf eine Seite »Bitte Hilfe!«, auf die andere »Bitte weiterarbeiten!« geschrieben, und die dritte Fläche wird grün angemalt. Solange der Schüler ohne Hilfe arbeitet, zeigt die grüne Seite zu Ihnen. Benötigt er Hilfe und dreht er das Schild mit der Hilfe-Seite zu Ihnen, so zeigt die Seite mit der Anweisung »Bitte weiterarbeiten!« zu ihm. Er wird dadurch daran erinnert, die Arbeit nicht einzustellen, sondern an anderer Stelle so lange weiterzuarbeiten, bis Sie zu ihm kommen, um ihm zu helfen.

Günstig ist es, zuerst zu Hause ein Modell anzufertigen, damit die Schüler die Schriftzüge richtig aufbringen. Sobald Sie dann ein zu Ihnen gedrehtes Hilfe-Schild sehen, werden Sie sich um den Schüler und sein Problem kümmern, aber nicht, indem Sie ihm die Arbeit abnehmen.

5 Das war doch nur Spaß!

Die Situation

Am Donnerstag hat Kollege Sielje das gar nicht so seltene Vergnügen, für einen plötzlich erkrankten Kollegen einzuspringen. Es ist zwar seine Klasse, in der er Vertretung hat, da aber das Ganze sehr überraschend kommt, hat er – wie die Schüler – keine entsprechenden Unterrichtsmaterialien dabei. Er hangelt sich also mehr schlecht als recht durch die Stunde und spürt, wie die Klasse immer munterer wird. Die Schüler unterhalten sich nicht nur, sondern fangen vor lauter Übermut an, sich gegenseitig zu necken. Sielje schaut dem Treiben mit unterdrücktem Ärger zu und wartet auf den nächsten Verstoß, den er für eine Zurechtweisung nutzen will.

Jerome und Sascha-Pascal sind dabei, den braven Christian zu ärgern. Immer wieder greifen sie auf seinen Tisch, nehmen ihm von dort Sachen weg und reichen sie an andere Schüler weiter, sodass Christian wie ein gehetztes Tier durch die Klasse laufen muss. Aber irgendwann wird Jerome auch dies langweilig und er überlegt sich etwas Neues. Er nimmt Christian die Federtasche weg und wirft sie, wir befinden uns im zweiten Stockwerk des Schulgebäudes, durch das geöffnete Fenster nach draußen auf den Rasen. Der Kollege reagiert sofort empört, muss sich aber von dem lachenden Jerome anhören:

Schüler: Mensch, das war doch nur Spaß! Er kann sie sich ja wiederholen.

Vermutlich ist Ihnen dieses Argument nicht ganz unbekannt, denn es gehört zu den beliebtesten. Deshalb schauen wir es uns etwas genauer an.

Die Absicht

Im obigen Beispiel liegt der Grund für das Wegnehmen von fremden Gegenständen nicht darin, diese für sich zu behalten. Es geht also nicht um einen Diebstahl, was durch das Hinauswerfen der Federtasche deutlich wird. Das wahre Ziel liegt vielmehr darin, das eigene »Revier« auszudehnen, und zwar zulasten derjenigen, die man für schwächer hält. Und wer einfach auf den Tisch eines Mitschülers fassen und von dort ungestraft etwas wegnehmen darf, was ihm nicht gehört, der demonstriert allen Anwesenden seine Machtstellung innerhalb der Klasse.

Falls sich die Lehrkraft nach dem Verstoß als »Revierverwalter« einschaltet, geht es darum, das Ganze ohne ernsthafte Sanktionen zu überstehen. Dabei besteht die Strategie darin, das eigene Handeln irgendwie zu entschuldigen. Weil die Lehrkraft jedoch mit eigenen Augen den Vorfall beobachtet hat, lässt sich dieser nicht leugnen. Folglich »verschiebt« ihn Jerome, und zwar in den harmlosen Bereich der Scherze. Er erklärt mit seiner Äußerung indirekt, er habe Christian nichts Böses gewollt, ihm also nicht schaden wollen, sondern das Ganze sei lediglich ein harmloser Spaß unter Schülern gewesen. Das ist eine geschickte Strategie, weil Lehrkräfte nicht als humorlos gelten möchten und deshalb kleine Neckereien schon einmal durchgehen lassen.

War das Hinauswerfen der Federtasche also nur ein harmloser Scherz? Wenn ja, wo verläuft dann eigentlich die Grenze zu Handlungen, die keine Scherze mehr sind? Oder kann ein Schüler, egal, was er getan hat, immer alles wirksam als Scherz deklarieren?

Natürlich gibt es im Leben (und damit auch in der Schule) von Zeit zu Zeit nette Scherze, anders wäre es ja gar nicht auszuhalten. Aber diese Scherze – und jetzt wird es ein bisschen juristisch – besitzen ein ganz wichtiges Merkmal. Die Bedingung für einen harmlosen »echten« Scherz besteht darin, dass auch die andere Seite den Scherz erkennt *und als solchen akzeptiert*. Beide Seiten müssen also herzlich darüber lachen können. Falls dem nicht so ist, wie im vorliegenden Beispiel, wird daraus ein »böser Scherz«. Die Konsequenzen daraus muss derjenige tragen, der die Aktion gestartet hat. Also:

> Mit »Spaß« kann man etwas nur wirksam entschuldigen, wenn auch die andere Seite und die Lehrkraft dies so sehen.

Der letzte Teil des Merksatzes ist deshalb notwendig, weil ja Christian (vielleicht aus Angst?) bestätigen könnte, auch er empfinde das Hinauswerfen seiner Federtasche als Scherz. Selbst wenn das so wäre, spielt es letztlich keine Rolle. Denn die Definitionsmacht darüber, was noch Spaß ist und was nicht, liegt nicht bei den Schülern, sondern bei »verständigen Dritten«, das heißt in unserem Fall bei der zuständigen Lehrkraft, also bei Ihnen. Sie sind die Instanz, die darüber entscheidet, ob etwas einen harmlosen Spaß oder einen Regelverstoß darstellt. Und ich hoffe, wir können uns darauf einigen, Jeromes Verhalten nicht mehr als »Spaß« anzusehen.

Die Gegenreaktion

Ich weiß, es ist leider nicht möglich, Gleiches mit Gleichem zu vergelten. Aber die theoretische Frage sollte erlaubt sein: Was würde Jerome wohl sagen, wenn man als Reaktion jetzt *seine* Schulsachen aus dem Fenster werfen würde? Würde er herzlich lachen, weil das ein ganz großer Spaß wäre? Vermutlich nicht, also Spaß beiseite.

Am wirksamsten ist auch hier, wie so oft, die Prävention. Deshalb sollten Sie für Ihren Unterricht festlegen: Kein Schüler hat das Recht, unerlaubt auf den Tisch eines anderen zu greifen oder an dessen Sachen (Büchertasche usw.) zu gehen. So einfach ist das. Diese zentrale Regel müsste eigentlich in Marmor gemeißelt in jedem Klassenraum groß an der Wand hängen. Denn gerade aus solchen (anfangs kleinen) Übergriffen eskalieren immer wieder größere Konflikte.

Ihre erste Gegenreaktion: Erklären Sie Jerome und seinen mehr als munteren Mitschülern das, was ich oben zum echten und bösen Scherz ausgeführt habe. Die Schüler müssen ja erst einmal begreifen, dass Sie auf ihren Trick nicht hereinfallen, sondern ihn argumentativ aushebeln können. Daneben ist es sinnvoll, gegen Jerome eine belastende Maßnahme zu verhängen, die aber nicht nur darin bestehen darf, die Federtasche wieder hochzuholen. Denn dadurch hätte er lediglich den Ausgangszustand wiederhergestellt, sein Verstoß hätte keine weiteren Konsequenzen für ihn.

Ich hab mich doch nur gewehrt!

Die Situation

Wieder einmal Freitag, wieder einmal steht das Wochenende bereits wartend vor der Tür, und Anna Nass, unsere sympathische Kollegin, versieht ihre Pausenaufsicht auf dem Schulhof. Mit einer roten Jacke bekleidet, dreht sie dort gut sichtbar ihre Runden. Aber nicht nur deshalb wissen alle Schüler, dass sie da ist: Sie gehört nämlich zu den Lehrkräften, die grundsätzlich ihre Aufsicht wahrnehmen. Gerade als sie in der Mitte des Schulhofs ist, hört sie hinter ihrem Rücken aufgeregtes Geschrei, das anders klingt als der übliche Pausenlärm ausgelassener Schüler. Sie dreht sich um und sieht, wie der kräftige Jerome dem zierlichen Christian mehrere Faustschläge versetzt, einen davon sogar ins Gesicht. Sofort eilt sie zum Ort des Geschehens und stellt Jerome zur Rede:

Lehrkraft: Jerome, hör sofort auf, Christian zu schlagen!
Schüler: Aber er hat angefangen.
Lehrkraft: Das kann ich mir kaum vorstellen. Was hat er denn gemacht?
Schüler: Er hat mich beleidigt. Er hat gesagt, dass ich blöd bin.
Lehrkraft: Und deswegen schlägst du ihn? Das darf doch wohl nicht wahr sein!
Schüler: Wieso? Ich hab mich doch nur gewehrt.

Da haben wir ihn, unseren Satz aus der Überschrift dieses Kapitels. Er gehört – mit einigen anderen – zu den Top Ten der häufigsten Schüleräußerungen und verdient deshalb, genauer unter die Lupe genommen zu werden.

Die Absicht

Es ist keine große Überraschung, dass Schüler sich und ihre Handlungen mit dieser Äußerung wieder einmal entschuldigen wollen. Das ist ihr gutes Recht. Schließlich darf jeder zu seiner Entlastung vortragen, was ihm dafür geeignet erscheint. Die Frage ist nur, ob die damit verbundenen Argumente einer kritischen Überprüfung standhalten.

Die Strategie basiert, ohne dies ausdrücklich zu nennen, auf dem Recht auf Notwehr. Jerome argumentiert indirekt wie folgt: Er habe in dieser Situation gar keine andere Möglichkeit gehabt, als seinen Mitschüler zu schlagen, weil er sich wehren musste. Doch darüber dürften die Meinungen geteilt sein, denn schließlich war ja die Kollegin Nass ebenfalls auf dem Schulhof. Aber nicht nur das spricht gegen sein Argument der angeblichen Notwehr.

Die Gegenreaktion

Lassen wir uns einmal auf diese Argumentation ein – allerdings um sie zu widerlegen. Zunächst müsste die Abwehr dem Angriff angemessen sein, sie dürfte also nicht deutlich darüber hinausgehen. Wenn Jerome also wirklich beleidigt wurde, so wäre allenfalls eine Gegenbeleidigung (»Du bist viel blöder!«) angemessen gewesen, keinesfalls aber körperliche Gewalt.

Viel schwerer wiegt jedoch folgende Tatsache: Wer angegriffen wird, darf zwar, um sich zu schützen, zur Notwehr greifen, allerdings nur – und jetzt kommt der entscheidende Punkt – *falls keine staatliche Hilfe erreichbar ist*. Niemand darf also zur Selbsthilfe greifen und körperliche Gewalt anwenden, falls sich Polizisten in der Nähe befinden. Man müsste sich an die Ordnungshüter wenden und sie um Hilfe bitten, denn dafür sind sie ja da. Auf die Schule übertragen, bedeutet dies:

> **Notwehrsituationen, bei denen sich Schüler gegen Mitschüler handgreiflich wehren müssen, sind in der Schule so gut wie ausgeschlossen.**

Schließlich sind die Schüler dort nicht unbeaufsichtigt, sondern es befinden sich immer Lehrkräfte in der Nähe, die bei drohender Gefahr schützend eingreifen können – und dies auch tun. Wenn Sie also Aufsicht auf dem Pausenhof haben, gibt es keine Grundlage mehr für eine vermeintliche Notwehr von Schülern, die sich eventuell bedroht fühlen. Diese können und müssen bei eskalierenden Konflikten den Ort der Auseinandersetzung verlassen und sich an Sie wenden, um Schutz zu bekommen. Deswegen könnte der obige Dialog wie folgt weitergehen:

Schüler: Wieso? Ich hab mich doch nur gewehrt.
Lehrkraft: Wir erlauben keine Selbstjustiz unter Schülern. Hier auf dem Schulgelände sind außer mir noch 30 weitere Kollegen, um euch notfalls zu schützen. Wer sich bedroht fühlt, der kommt zu uns. So einfach ist das.

Ja genau, so einfach ist das, wenn man es weiß. Um also vermeintlichen Notwehrsituationen für die Zukunft entgegenzuwirken, muss Schülern (und Eltern) begreiflich gemacht werden, dass die Schule kein Dschungel, sondern ein überwachter geschützter Bereich ist.

Die Tester

Die Gruppe der Tester hat sich den Wahlspruch: »Wer nicht wagt, der nicht gewinnt!« auf ihre Fahne geschrieben, ein Prinzip, das jede liberal gesinnte Lehrkraft grundsätzlich nur begeistert unterstützen kann. Schließlich hat jeder ein unanfechtbares Anrecht darauf, so viel zu erreichen, wie er möchte. Den Schülern dieser Gruppe geht es in der Schule allerdings weniger um die Aneignung von trockenem Unterrichtsstoff als um den Ausbau ihrer sozialen Kontakte – und so handeln und argumentieren sie entsprechend. Für sie gibt es wesentlich angenehmere Beschäftigungen als Unterricht. Deshalb ist es ihnen immer einen Versuch wert, die Lehrkräfte vom geplanten Unterricht abzubringen, und das mit seit Generationen erfolgreich getesteten Äußerungen. Wenn das argumentative Bemühen endlich Früchte trägt, sind die Schüler, im Gegensatz zu anderen Situationen, nicht besonders wählerisch. Im Prinzip wird alles akzeptiert – nur kein regulärer Unterricht.

Darüber hinaus verfolgen die Tester aber noch ein größeres Ziel, nämlich die Auseinandersetzung mit Erwachsenen. Ihre Werte will man erforschen, die damit verbundene Willensstärke gilt es zu testen. Die zentralen Fragen dafür lauten: Wie fest stehen eigentlich die Vorgaben von Erwachsenen? Was muss ich unternehmen, damit ein Erwachsener seine Meinung zu meinen Gunsten ändert? Kann ich das, was ich bei den Eltern problemlos schaffe, auch bei pädagogisch geschulten Lehrkräften schaffen?

Diese Fragen – und die Antworten darauf – sind für jugendliche Schüler entwicklungspsychologisch unerlässlich, um das Ausmaß ihrer Freiräume herauszufinden. Genauso wichtig ist es aber, dass Lehrkräfte ihnen hier Grenzen setzen.

 Können wir nicht was anderes machen?

Die Situation

Wieder einmal ist ein Wochenende vorbei und Peter Sielje steht vor einer schwierigen Situation: Eigentlich müsste er nun, da das letzte Thema abgeschlossen ist, mit seinen Schülern Grammatik machen. Denn so sieht es nicht nur das schuleigene Curriculum, sondern auch seine persönliche Planung vor. Aber er hat die geheime Befürchtung, dieses Thema könne den Schülern nicht sonderlich gefallen, vor allem nicht am Montagmorgen. Und genauso ist es. Kaum hat er angehoben, das böse Wort auszusprechen, regt sich schon Widerstand auf breiter Front, wobei sich Jerome und Sascha-Pascal am lautesten hervortun:

Lehrkraft: Also, es hilft nichts, wir müssen heute mal wieder Grammatik machen.
Schüler: Oh nee! Keine Grammatik! Können wir nicht was anderes machen?
Lehrkraft: Was wollt ihr denn stattdessen machen?
Schüler: Ganz egal, nur keine Grammatik.
Lehrkraft: Na gut, dann gehen wir nochmal an die Gedichtanalyse.

Schüler: Bitte nicht. Das haben wir doch gerade gemacht. Das ist langweilig.
Lehrkraft: Aber was wollt ihr denn machen?
Schüler: Irgendwas anderes.

Das Gute an solchen Gesprächen liegt darin, dass man mit ihnen problemlos 20 Minuten einer Unterrichtsstunde füllen kann. Der Nachteil besteht darin, sich als Lehrkraft manchmal selbst nach 20 Minuten immer noch am selben Punkt zu befinden. Dafür aber sind die Schüler ein ganzes Stück weiter vorangekommen.

Die testende Frage: »Können wir nicht was anderes machen?« gibt es in unterschiedlichen Ausprägungen. Beim ersten Sonnenstrahl, der sich draußen zeigt, lautet sie: »Können wir nicht nach draußen gehen?« Die andere, immer passende Variante lautet: »Können wir nicht was spielen?«

Die Absicht

Bitte keine negativen Bemerkungen über die Lernunlust unserer Schüler! Sie lernen ständig, wenn auch nicht den Unterrichtsstoff. Vor allem lernen sie – vom ersten Schultag an – das für sie Wichtigste: Sie lernen, blitzschnell zu erkennen, wie sehr eine Lehrkraft hinter dem Thema steht, das sie vermitteln möchte. Sollte in der Ankündigung des Themas auch nur der leiseste Zweifel mitschwingen, beginnt die Strategie, Ersatzangebote herauszukitzeln.

Dafür muss man als Schüler ausgesprochen unzufrieden, ja fast gequält wirken, ein Gemütszustand, dessen Darstellung sich zu Hause erfolgreich proben und immer wieder verfeinern lässt. Schließlich wissen nicht nur Jerome und Sascha-Pascal: Erwachsenen liegt nichts so sehr am Herzen wie glückliche Kinder bzw. Schüler. Falls es uns also gelingt, die ungeliebte Grammatik durch etwas Angenehmeres zu ersetzen, profitieren nicht nur wir davon, sondern wir verschaffen auch der Lehrkraft ein pädagogisch gutes Gewissen.

Neben dieser sozial wertvollen Leistung geht es ebenfalls um die grundsätzliche Frage, ob sich die Lehrkraft von ihrem ursprünglichen Plan abbringen lässt. Ich glaube, sie lässt sich abbringen. Denn mit ihrer Gegenfrage: »Was wollt ihr denn stattdessen machen?« ist das eigentliche Thema (Grammatik) bereits zur Disposition und die Weiche in eine angenehmere Richtung gestellt. Die Lehrkraft sträubt sich zwar noch ein wenig, weil sie auch vor sich selbst die Abweichung rechtfertigen muss, aber dafür lässt sich schon eine plausible Begründung finden.

Während die Schüler äußerlich noch ihre Leidensmiene zur Schau tragen, fangen sie innerlich an zu jubilieren. Denn die wichtige Doppelfrage: »Wer ist beharrlicher, wer hat den festeren Willen? Die Lehrkraft oder wir Schüler?« ist ebenfalls objektiv geklärt. Da soll noch jemand sagen, unsere Schüler hätten keine Willensstärke, kein Durchhaltevermögen! Das haben sie schon, sobald etwas in ihren Augen wichtig ist.

Zwar glaubt die Lehrkraft, sie würde Terrain gewinnen, indem sie die Frage nach inhaltlichen Alternativen an die Schüler weitergibt. Aber das ist ein verhängnisvoller Irrtum, weil die Schüler den ihnen zugeworfenen Ball sofort zurückspielen. Schließlich kennt sich die Lehrkraft in der Materie viel besser aus, also soll sie doch gefälligst Vorschläge für angenehmere Inhalte machen. Und die wird man so lange ablehnen, bis etwas dabei ist, mit dem man leben kann.

Die Gegenreaktion

Natürlich liegt es bei Ihnen, ob Sie am Montagmorgen mit Grammatik beginnen. Falls Sie das für ungünstig halten, und das kann man durchaus, dann lassen Sie die Schüler eben zuerst etwas anderes machen. Aber das legen *Sie* fest, das ist *Ihre* Entscheidung. Die deutlich schlechtere Variante besteht darin, zuerst halbherzig Grammatik vorzuschlagen, sich dann aber durch den geäußerten Unmut der Schüler davon abbringen zu lassen. Es zeigt vielleicht, wie flexibel Sie sind, ist aber wenig geeignet, Ihre Autorität als pädagogische Führungskraft zu unterstreichen.

Falls Sie sich nun entschieden haben, am Montagmorgen Grammatik zu behandeln, dürfen Sie auch dabei bleiben. Möchten Sie zudem vermeiden, sich in Diskussionen über Ihre Themenauswahl zu verstricken und zu stolpern, sollten Sie präventiv tätig werden. Das beginnt damit, wie Sie den Klassenraum betreten und wie überzeugt Sie den geplanten Inhalt vorstellen.

Es bedarf also einer gewissen Autosuggestion, sich selbst für die Vermittlung von Grammatik zu motivieren. Dazu könnten Sie sich immer wieder sagen: »Ich bin eine der besten Lehrkräfte der Schule, denn ich schaffe das fast Unmögliche, nämlich den Schülern Grammatik zu vermitteln.« Unterstützend könnten Sie auf dem Weg zum Klassenraum noch »We are the champions« von Queen oder andere inspirierende Musik hören. Das hilft tatsächlich, kein Scherz. Nun muss diese Begeisterung »nur« noch auf die Schüler übertragen werden, was sich beispielsweise so anhören könnte:

Lehrkraft: Ich habe mir heute etwas ganz Spannendes ausgedacht, um euch am Montagmorgen zu erfreuen.
Schüler: Was denn?
Lehrkraft: Ein Thema, auf das ihr schon seit langem wartet.
Schüler: Was denn?
Lehrkraft: Heute machen wir endlich mal wieder – Grammatik!
Schüler: (kollektiv aufstöhnend) Bloß keine Grammatik! Können wir nicht irgendwas anderes machen?
Lehrkraft: Natürlich nicht. Grammatik ist Spitze, eine Herausforderung für die Besten der Besten.
Schüler: Können wir nicht was anderes machen?
Lehrkraft: Natürlich nicht. Wollt ihr nochmal fragen?

Es ist sattsam bekannt, dass die meisten Schüler Grammatik hassen, also geht es darum, wie Sie das ungeliebte Thema »verkaufen«. Stimmen Sie in die negative Haltung mit ein und verstärken Sie sie dadurch? Oder bringen Sie die Schüler zum Schmunzeln und damit in eine positive Stimmung, indem Sie das Thema (ironisch) als Leckerbissen verkaufen? Ich glaube, die zweite Variante ist günstiger, selbst wenn die Schüler anschließend noch immer keine Grammatik mögen.

Als erfahrene Lehrkraft wird Sie die ablehnende Reaktion der Schüler nicht wirklich überraschen. Sie wissen also ganz genau, was kommen wird, und können sich argumentativ darauf vorbereiten.

Die nachgewiesen beste Entgegnung auf die Frage, ob man nicht etwas anderes machen könne, lautet nicht – wie man glauben könnte – »Nein!«, selbst wenn es wie im Elternhaus lang gesprochen wird (»Neiiiiiiiin!«). Ein solches einfaches Nein perlt an Jerome und seinen Mitschülern ab wie Wasser an einer gut geölten Ente. Es ist im sprachlichen Koordinatensystem der Schüler viel zu weit unten angesiedelt, um ihren unbändigen Drang nach Arbeitserleichterung tatsächlich zu stoppen. Die optimale und in vielen Versuchen praxiserprobte Antwort lautet deshalb:

»Natürlich nicht!«

Warum nun »Natürlich nicht!«? Ganz einfach, weil diese Formulierung eine viel stärkere Wirkung entfaltet. Durch das kleine Wörtchen »natürlich« wird das Ansinnen der Schüler gleich mit dem ersten Wort als völlig überzogen, weltfremd, unrealistisch abgetan, da in diesem harmlos erscheinenden Wörtchen die stammelnd staunende Frage steckt: »Wie kann man nur auf diese Idee kommen?«

Die Schüler werden, das ist ihr gutes Recht, noch einmal nachfragen. Schließlich kennen sie von anderen Kollegen die entgegenkommende Reaktion. Dass Sie hier anders antworten, ist ungewohnt und muss erst einmal verdaut werden. Und da viele Lehrkräfte der Frage, ob man nicht etwas anderes machen könne, nur ein einziges Mal recht geringen Widerstand entgegensetzen, lohnt sich immer ein zweiter Versuch.

Folglich ist die Nachfrage der Schüler für Sie ebenfalls keine Überraschung. Deswegen beantworten Sie die Frage ja mit großem Gleichmut, aber auch mit ebensolcher Bestimmtheit. Um den Schülern den Wind aus den Segeln zu nehmen, bieten Sie ihnen sogar an, die Frage noch einmal zu stellen – um sie natürlich genauso zu beantworten. Darauf werden die Schüler in der Regel verzichten, denn sie haben bereits begriffen: *Sie* bleiben bei Ihrer Meinung.

2 Ist das jetzt gut so?

Die Situation

Da wir schon einige Zeit nicht mehr im Kunstunterricht der Kollegin Nass waren, begeben wir uns dorthin und beobachten gespannt, was sich hier abspielt. Es ist Dienstag, und zwar die letzte Stunde des Tages. Die Schüler sollen einen Farbkreis konstruieren und mit Deckfarben ausmalen. Die Kollegin schwebt wie ein Teilzeit-Engel durch die Reihen und erklärt einzelnen Schülern, was sie noch tun können, um ihre Arbeiten zu verbessern. Bei den meisten sind es ein oder zwei Dinge, die es zu ändern gilt, bei Chantal ist es jedoch deutlich mehr: Die Gradeinteilung stimmt nicht, der Farbauftrag ist weder deckend noch gleichmäßig und die hellen Farben wirken schmuddelig. Vermutlich hat Chantal nicht, wie vorgegeben, den Pinsel zwischendurch in sauberem Wasser ausgewaschen, sondern ist mit ihm gleich so in die nächste Farbe gegangen. Vor allem das Gelb ist als solches kaum zu erkennen. All diese Mängel erklärt die Kollegin der Schülerin ganz geduldig und geht wieder zu ihrem Platz am Lehrertisch. Sie sitzt noch keine Minute, als Chantal sich wie wild meldet, das Blatt hochhebt, zur Kollegin dreht und in den Raum ruft:

Schülerin: Ist das jetzt gut so?
Lehrkraft: Ja, so ist es gut.

Damit sind beide Seiten zufrieden. Die Kollegin ist zufrieden, weil sie jetzt ein wenig Ruhe hat, und Chantal ist zufrieden, weil sie kaum etwas ändern musste, um die Zustimmung der Lehrkraft zu erhalten. Würde sich Anna Nass zum Platz der Schülerin begeben und auf das Blatt schauen, könnte sie weder auf den ersten noch auf den zweiten Blick eine merkliche Veränderung erkennen. Nur bei intensivem Suchen würde sie entdecken, dass Chantal eines der Felder (ein unsauberes Grün) übermalt hat, sodass es jetzt passabel aussieht. Darüber hinaus hat sie aber keinen der angesprochenen Fehler beseitigt. Kommt Ihnen das bekannt vor?

Die Absicht

Chantal könnte und würde diese gängige Strategie im Bedarfsfall fast endlos fortsetzen. Sie würde jeweils eine Kleinigkeit ändern und anschließend die Lehrkraft fragen, ob das Bild denn jetzt endlich gut sei, und zwar so lange, bis die Lehrkraft vor Erschöpfung aufgibt. Denn Chantal hat ein wichtiges Sprichwort verinnerlicht und weiß deshalb: Steter Tropfen höhlt den Stein. Auf die Schule übertragen bedeutet dies: Selbst harte Kollegen werden bei dieser Technik irgendwann einmal weich und geben auf – einfach, um ihre Ruhe zu haben.

Die Strategie besteht jedoch nicht nur darin, die Lehrkraft zu ermüden, sondern soll die Kollegin auch dazu bringen, öffentlich zu bestätigen, die Arbeit sei jetzt gut. Dadurch erhält die Schülerin für ihre Arbeit ein offizielles Werturteil, das später nicht mehr verschlechtert werden kann. Denn wenn die Lehrkraft erklärt hat, dass etwas »gut« ist, kann sie das später nicht mit einer Drei oder gar Vier benoten.

Diese beliebte Technik kann theoretisch zu jedem Zeitpunkt des Unterrichts stattfinden, besonders erfolgreich ist sie aber gegen Ende der Stunde, weil die Lehrkräfte dann erfahrungsgemäß unter großem Zeitdruck stehen. Sie möchten das Thema abschließen, noch eine Hausaufgabe verteilen oder müssen ihre Sachen zusammenpacken, um rechtzeitig an einen anderen Ort zu kommen. Kurz, die meisten sind aus Zeitdruck zu Zugeständnissen bereit. Einige jedoch nicht.

Die Gegenreaktion

In meinen Augen, die nach etwa 30 Jahren Schulpraxis hoffentlich klar sehen, besteht ein weitverbreiteter Irrglaube darin, man brauche in der Schule vor allem pädagogisches Einfühlungsvermögen. Ja, das kann tatsächlich nicht schaden. Aber die Wahrheit ist leider viel profaner: Man braucht vor allem ein gutes Gedächtnis oder Hilfsmittel, die es unterstützen. Dafür kann man gut Chantal selbst heranziehen. Anstatt ihr nur zu sagen, welche Fehler sie noch beseitigen muss, ist es sinnvoll, sie die notwenigen Verbesserungen aufschreiben zu lassen, z. B. in ihr (Kunst)Heft. Mit der gesamten Liste vor Augen ist es für sie viel schwieriger, nur einen Fehler abzustellen und dann zu fragen, ob die Arbeit jetzt gut sei. Und für Sie ist es viel einfacher, weil Sie im Bedarfsfall auf die Liste schauen können und nicht jeden Verbesserungsvorschlag im Kopf behalten müssen.

Natürlich kostet das Aufschreiben der festgestellten Fehler Zeit, und zwar auch Ihre. Die jedoch sparen Sie doppelt und dreifach wieder ein. Denn jetzt dürfen sich die Schüler erst wieder an Sie wenden, sobald *alle Punkte* abgearbeitet sind. Dadurch wenden Sie das Sprichwort zu Ihren Gunsten an:

Werden Sie zum steten Tropfen, der den Stein aushöhlt.

Dieses Verfahren führt die Schüler nicht nur zu mehr Selbstständigkeit, sondern bewirkt auch eine merkliche Beruhigung des Unterrichts, weil sie jetzt nicht mehr nach jeder kleinen Veränderung zu Ihnen gerannt kommen, sondern erst, wenn das Gesamtpaket Ihrer Verbesserungsvorschläge abgearbeitet ist.

Die letzte Anmerkung betrifft das Wörtchen »gut«. So häufig, wie es von Schülern im Munde geführt wird, so sparsam sollten Sie damit umgehen, denn Schüler interpretieren es (zu Recht) als eine Zwei auf der Notenskala. Viel unverfänglicher sind vagere Formulierungen wie:

- das ist in Ordnung,
- das ist schon gar nicht schlecht,
- das ist passabel.

Dadurch halten Sie sich im Hinblick auf die spätere Benotung ein Hintertürchen offen. Zwar können Sie bei Ihrer Entgegnung »Das ist in Ordnung« keine Fünf geben, aber eine Vier wäre durchaus vertretbar. Und das ist ja auch schon was.

③ Bei anderen Lehrern dürfen wird das!

Die Situation

Als Peter Sielje überraschend zur Schulleitung gebeten wird, weiß er noch nicht, was ihn erwartet. Aus leidvoller Erfahrung vermutet er allerdings eher unangenehme Nachrichten. Und genauso ist es. An diesem ganz normalen Mittwoch im März ereilt ihn das Schicksal: Unverblümt teilt ihm die Schulleitung mit, er habe seine bisherige Klasse abzugeben und dafür ab Montag die Klasse einer anderen Kollegin (Mietze Schindler) zu übernehmen. Der Grund liegt in einer längeren Krankheit besagter Kollegin, die nicht durch Feuerwehrlehrkräfte aufgefangen wird. Sielje ist zwar unzufrieden, bleibt aber ungebrochen und erträgt sein Los gemäß des Leitspruchs seiner geliebten Schwiegermutter: »Es ist so, wie es ist.«

Zeitsprung, Montagmorgen. Sielje stellt sich seiner neuen Klasse vor, die genauso begeistert ist wie er, und beginnt seinen Unterricht. Anfangs läuft alles recht gut, aber plötzlich traut der Kollege seinen Augen nicht. Mit größter Gelassenheit greift Sascha-Pascal in seine Büchertasche, holt ein Rosinenbrötchen hervor und beißt herzhaft hinein. Sielje verschlägt es den Atem, weil es an dieser Schule die Regelung gibt, im Unterricht nicht zu essen, dafür sind schließlich die Pausen da. Also stellt er Sascha-Pascal zur Rede:

Lehrkraft: Ja Sascha, geht's noch?
Schüler: Wieso, was ist denn?
Lehrkraft: Du kannst doch nicht einfach im Unterricht essen.
Schüler: Wieso das denn nicht? Bei Frau Schindler dürfen wir das.

Neben der gerade angeführten (milden) Variante kommt der letzte Satz ebenfalls gerne in folgenden (schärferen) Ausprägungen vor:

- »Bei anderen Lehrern dürfen wir das«, oder noch schärfer:
- »Sie sind der einzige Lehrer, bei dem wir das nicht dürfen.«

Dabei ist die Frage, was die Schüler denn bei anderen Lehrkräften alles dürfen, hier abschließend kaum zu beantworten. Es kann darum gehen, im Unterricht zu essen, beim Arbeiten Musik zu hören oder mit dem Handy zu spielen, sobald man mit einem Arbeitsauftrag fertig ist – um nur die häufigsten Punkte zu nennen.

Die Absicht

Manchmal ist es schwierig, die Strategie hinter Schüleräußerungen zu erkennen, hier jedoch nicht. Es geht darum, die Lehrkraft zu isolieren. Sie soll das Gefühl bekommen, anders als die anderen zu handeln, eine Empfindung, deren Wirkung nicht zu unterschätzen ist. Schließlich vermittelt das Gefühl, zu einer Gruppe zu gehören, enorme Sicherheit. Das wissen auch die Schüler aus eigener Erfahrung. Was also liegt näher, als diesen psychologischen Effekt zum eigenen Vorteil zu nutzen?

Dafür muss man lediglich behaupten, die Lehrkraft sei mit ihrer Forderung ein Außenseiter. Dass die Lehrkraft diese Behauptung vor Ort nicht überprüfen kann, ist eher von Vorteil. Schließlich kann Sascha-Pascal auf die argumentative Unterstützung seiner Mitschüler zählen, da er mit seiner strammen Behauptung für alle den Weg zur zeitlich unbegrenzten Nahrungsaufnahme bereitet.

Vielleicht werden Sie einwenden, es gebe in unserem Beispiel doch einen Konferenzbeschluss, der das Essen im Unterricht verbietet. Na ja, theoretisch stimmt das schon. Aber ich kenne mehr als ein Kollegium, in dem es etliche pädagogisch sinnvolle Beschlüsse gibt, aber kaum jemanden, der sich tatsächlich daran hält. Viele Kollegen empfinden solche Beschlüsse als reine Absichtserklärungen, an die sie sich aber nicht gebunden fühlen. Zum einen fühlen sie sich unzulässig in ihrer »pädagogischen Freiheit« beschränkt, zum anderen wollen sie »ihren« Schülern entgegenkommen, indem sie (als besonders nette Lehrkraft) auch Ausnahmen gestatten.

Folglich ist nicht auszuschließen, dass die Schüler mit ihrer Behauptung, bei anderen Kollegen im Unterricht essen zu dürfen, tatsächlich Recht haben, wodurch der Kollege faktisch doch wieder zum Außenseiter wird. Wie löst man nun das Problem bzw. was entgegnet man Schülern, die so argumentieren?

Die Gegenreaktion

So klar, wie die Strategie der Schüler auf der Hand liegt, so klar sind auch mögliche Entgegnungen. Die Frage, ob die Kollegin das Essen im Unterricht tatsächlich erlaubt, kann im Moment nicht objektiv geklärt werden. Aber das muss sie auch nicht, weil es eine beschlossene Regel zu diesem Punkt gibt. Und Regeln werden mit dem Ziel aufgestellt, dass sich *alle* daran halten. Sich an Regeln zu halten, ist deshalb richtig, sie zu ignorieren oder zu verletzen, ist falsch. So einfach ist das.

Regeln sind da, um eingehalten zu werden.

Damit ist nicht derjenige, der sich an die Regeln hält und sie durchsetzt, der böse Außenseiter, sondern die vermeintlich verständnisvolle Kollegin ist es. Selbst wenn sie mit dem Verstoß gegen den Konferenzbeschluss nicht allein sein sollte, ändert das nichts. Falls die Mehrheit der Kollegen die Regelung für unsinnig hält, kann diese bei der nächsten Konferenz ja wieder rückgängig gemacht werden. Wo ist das Problem? Undemokratisch und unkollegial ist es jedoch, heimlich die Regelung auszuhöhlen und so die korrekt handelnden Kollegen als verständnislose Hardliner darzustellen.

Nach dieser kurzen, vielleicht etwas hart formulierten Tirade habe ich mich wieder beruhigt, sodass wir uns nun endlich Ihren möglichen Entgegnungen widmen können. Da Sie sich – im Gegensatz zur Kollegin Schindler – korrekt verhalten, führen Sie den Dialog zunächst kollegial unterstützend weiter:

Lehrkraft: Du kannst doch nicht einfach im Unterricht essen.
Schüler: Wieso das denn nicht? Bei Frau Schindler dürfen wir das.
Lehrkraft: Das kann ich mir nicht vorstellen.
Alle Schüler: (im Chor) Doch das stimmt!

Lehrkraft: Selbst wenn das so sein sollte – bei mir dürft ihr das nicht. Schließlich haben wir dazu eine Regelung in der Schulordnung. Und Regeln sind da, um eingehalten zu werden.

Lassen Sie sich vom Unmut der Schüler, der vermutlich noch ein wenig anhalten wird, nicht irritieren. Gehen Sie jetzt nicht auf Grundsatzdiskussionen über Regeln ein. Das ist nur der letzte verzweifelte Versuch der Schüler, ihrer Strategie doch noch zum Erfolg zu verhelfen. Denn so schnell geben Schüler nicht auf, wenn es um ihren Vorteil geht. Vielleicht knicken Sie wie andere Lehrkräfte ja doch noch ein. Oder auch nicht. Aber selbst diesen schlimmsten Fall werden die Schüler seelisch unbeschadet überstehen.

 ## Heute ist doch die letzte Stunde vor den Ferien

Die Situation

Endlich lässt der Frühling sein blaues Band in unsere kleine Schule flattern, und zwar in den Klassenraum der Kollegin Nass. Dort ist jetzt Donnerstag, der vorletzte Tag vor den Osterferien. Zugunsten der Schüler muss man erwähnen, dass nicht nur die Sonne ablenkend durchs Fenster scheint, sondern draußen bereits angenehme Temperaturen herrschen. Die Gehirne der meisten Schüler befinden sich deshalb schon seit Anfang der Woche im Ferien-Modus, was Anna Nass jedoch für sich noch nicht feststellen kann. So tritt sie mit dem unendlich kühnen Vorsatz in den Raum, hier und heute noch regulären Unterricht abzuhalten. Dieses mehr als dreiste Ansinnen der Kollegin bleibt natürlich nicht unwidersprochen.

Lehrkraft: So, ich möchte heute mit euch noch mal die Gedichtanalyse üben.
Schüler: Oh nee, Frau Nass. Heute bitte nicht.
Lehrkraft: Wieso? Was ist denn heute?

Schüler: Heute ist doch die letzte Stunde vor den Ferien.
Lehrkraft: Wieso das denn? Heute ist Donnerstag, Ferien gibt es erst morgen.
Schüler: Aber heute ist doch die letzte Stunde bei Ihnen.

Ach so. Das ändert natürlich alles. Da soll noch einer behaupten, unsere Schüler seien nicht pfiffig! Mit der ihnen eigenen psychologischen Raffinesse wissen sie ganz genau, auf welchen Knopf sie im Gehirn der Lehrkräfte drücken müssen, damit die Lampe aufleuchtet und sie das Gewünschte erhalten. Aber um Chancengleichheit herzustellen, schauen wir jetzt einmal in den Kopf der Schüler.

Die Absicht

Was wir dort entdecken, erstaunt uns nicht wirklich: Das Ziel besteht wieder darin, den regulären Unterricht durch etwas Angenehmeres zu ersetzen, ein legitimes Ziel, das man als verantwortliche Lehrkraft jedoch ebenso legitim ablehnen darf. Erheblich interessanter ist die Argumentationsstruktur, die in der Äußerung versteckt ist.

Sie liegt zum einen in der hervorgehobenen Bedeutung von ersten oder letzten Elementen. Natürlich ist der erste Schultag der Schüler ein Tag mit einer hervorgehobenen Bedeutung, genauso wie es vielleicht der letzte Schultag, der Schulabschluss, ist. Auch der erste oder der letzte Tag der Berufstätigkeit einer Lehrkraft ist ein besonderer Moment. Aber wie groß ist der übliche Abstand zwischen zwei solch herausragenden Ereignissen? Warum werden nicht auch der erste und letzte Tag der Woche feierlich begangen, indem man an ihnen auf regulären Unterricht verzichtet? Wer von Schülern schon einmal das »Argument« gehört hat: »Aber heute ist doch Freitag«, der weiß, wie nahe wir diesem kurzschrittigen Denken bereits sind.

Allerdings muss man auch hier den Schülern zugutehalten, dass die Schulen immer, wenn es Zeugnisse gibt, den Unterricht verkürzen und meist nach der zweiten Stunde beenden. Das sei allen Beteiligten von Herzen gegönnt. Es gibt aber keinen Grund, dieses Prinzip auf die Oster- oder Herbstferien zu übertragen, schon gar nicht auf die vorvorletzten Tage vor den Ferien.

Das sehen die Schüler verständlicherweise völlig anders. Für sie gibt es nämlich nicht nur den Freitag als letzten Tag vor den Ferien, sondern es gibt so viele »letzte Stunden« vor den Ferien, wie sie Lehrkräfte haben. Dabei vermitteln die Schüler mit dem Satz: »Aber heute ist doch die letzte Stunde *bei Ihnen*« Folgendes: Das Entscheidende ist weniger der Ferienbeginn als vielmehr der große Abschied von *Ihnen* als geschätzter Lehrkraft. *Sie* als sympathische Lehrkraft für so lange Zeit (immerhin zwei Wochen!) nicht zu sehen, ist ein so enormer Einschnitt, dass dieser denkwürdige Tag feierlich begangen werden sollte. Weiß man denn, ob man sich je wiedersehen wird? Die Zukunft ist doch mehr als ungewiss. Und wenn schon anlässlich dieses besonderen Moments nicht Pizza und Cola gereicht werden, sollte man doch wenigstens etwas spielen, anstatt durch stinknormalen Unterricht diesen zauberhaften Moment zu profanisieren. Welche Lehrkraft kann einem so schmeichelnden Vorschlag schon widerstehen?

Die Gegenreaktion

Na ja, die eine oder andere widerstandsfähige Lehrkraft fällt mir da schon ein. Ob auch Sie zu diesem illustren Kreis gehören wollen, müssen Sie selbst entscheiden. Für Grundschulen gelten, aus gutem Grund, andere Bedingungen. Dort ist die Beziehung zur Klassenlehrerin so intensiv, manchmal stärker als zur leiblichen Mutter, dass selbst die zweiwöchigen Ferien für die Kinder einen gravierenden Einschnitt darstellen, der entsprechend abgemildert werden muss.

Für die weiterführenden Schulen gilt dies aber immer weniger. Und der Wunsch einer sonst ausgesprochen cool auftretenden 8. Klasse, in den letzten Stunden vor den Osterferien bei jeder Lehrkraft zu spielen, wirkt etwas seltsam. Denn den Schülern muss klar werden:

> **Irgendwann beginnt das richtige Leben.**
> **Und da wird bis zum letzten Moment**
> **konzentriert gearbeitet.**

Das ist eine ziemlich unerfreuliche Nachricht für Schüler, denen man vorgegaukelt hat, das Leben sei leicht und die Schule eine Institution, in der es vor allem darum gehe, Spaß zu haben. Allerdings glaube ich, dass Kinder bzw. Schüler die Wahrheit dieses Merksatzes durchaus verkraften können, sofern man sie ihnen nur früh genug eröffnet. Deshalb könnten Sie auf das Eingangsbeispiel erwidern:

Schüler: Aber heute ist doch die letzte Stunde bei Ihnen.
Lehrkraft: Das ist richtig. Ich werde euch in den Ferien auch schmerzlich vermissen. Aber damit der Abschied leichter fällt, wiederholen wir jetzt noch einmal die Gedichtinterpretation.

Zu Hause werden die Schüler von der erstaunlichen Begebenheit berichten, dass Sie selbst am vorletzten Tag vor den Ferien noch regulären Unterricht machen.

Die harten Brocken

Die Schüler dieser Gruppe stellen die größte Belastung für Lehrkräfte dar, weil sie Konfrontationen nicht scheuen. Denn diese sind seit frühester Kindheit zentraler Bestandteil ihres Alltags, in dem ihre Eltern sie immer wieder gegen den Strich gebürstet haben. Abgesehen davon, dass einige von ihnen ständig dekorative Baseballkappen tragen, haben die »harten Brocken« auch unangenehme Seiten. Angelehnt an Darwins Begriff der natürlichen Selektion (»survival of the fittest«) haben sie herausgefunden: Meist setzt sich derjenige durch, der am lautesten schreit, am dreistesten argumentiert oder am unverschämtesten ist.

Davon ausgehend betreiben sie, um es einmal positiv zu formulieren, ständig aktiv Forschung über ihre Welt, um dort ihren Platz in der Rangordnung zu finden und ihn Stück für Stück zu verbessern. Leider gibt es neben dieser Welt noch eine zweite, in der sie vormittags zwangsweise leben müssen, nämlich die Schule.

Das wäre nicht weiter schlimm, wenn dort nicht völlig andere Regeln herrschten als in ihrer gewohnten Welt, die sie in den ersten sechs Lebensjahren geprägt hat und in die sie oft nach Schulschluss wieder hineinrutschen. So leben sie also quasi in zwei Welten. Diese beiden Welten miteinander in Einklang zu bringen, ist fast unmöglich. Deshalb fühlen sich die Schüler verunsichert, und es stellt sich ihnen die zentrale Frage, welche Welt eigentlich die richtige und wichtige ist.

Trotz aller Unzulänglichkeiten vermittelt die Schule die richtigen Prinzipien, die Parallelwelt der Schüler jedoch viele falsche. Das kann man den Schülern zwar immer wieder sagen, aber wortreichen Bekundungen von Lehrkräften werden sie nicht glauben, weil sie den Aussagen von Erwachsenen grundsätzlich misstrauen. Deshalb gibt es nur eine Möglichkeit: Die Schüler müssen selbst erfahren, und zwar möglichst schnell und direkt, dass mit der Schule ein positives Gegenmodell existiert, in dem nicht das Recht des Stärkeren gilt, sondern ein nachvollziehbares Regelsystem.

1 Sie sind unfair!

Die Situation

Die Osterferien sind vorbei, und Peter Sielje hat sich vorgenommen, die Hausaufgaben seiner Schüler in Zukunft gründlicher zu kontrollieren. Bislang hatte er nur stichprobenartig bei einigen Schülern aus der ersten Reihe kontrolliert, manchmal sogar nur gefragt, wer die Hausaufgabe nicht hat. Dieses Vorgehen erscheint ihm nun jedoch nicht mehr sachgemäß. Also fängt er an, die Hausaufgaben bei allen Schülern kurz zu kontrollieren. Das dauert zwar zehn Minuten, trägt aber Früchte, weil der Anteil derjenigen, die ihre Hausaufgabe nicht oder nur schlampig gemacht haben, allmählich abnimmt.

Aber keine Regel ohne Ausnahme: Jerome, ein harter Brocken, erweist sich als ziemlich resistent und legt unbeeindruckt immer wieder unvollständige oder stark fehlerhafte Hausaufgaben vor. Obwohl er diese jedes Mal nachbessern muss, bewirkt das bei ihm keine Verhaltensänderung. Und so verschärft sich die Situation: Da jetzt fast alle Schüler ihre Hausaufgaben recht sorgfältig machen, kontrolliert Kollege Sielje bei ihnen recht flott. Bei Jerome (und wenigen anderen) schaut er genauer hin, wird jedes Mal fündig und fordert Nachbesserungen. Irgendwann hat Jerome die Nase voll und wirft dem Kollegen lautstark vor:

Schüler: Sie sind unfair! Bei den anderen schauen Sie kaum hin, nur bei mir gucken Sie immer ganz gründlich nach!

Jetzt haben wir ihn, unseren Killersatz, der vielen Lehrkräften einen hochroten Kopf beschert und Schweißperlen auf die Stirn treibt.

Die Absicht

Jerome ist in einer aussichtslosen Lage. Um diese doch noch zu seinen Gunsten zu wenden, muss er einen Joker ziehen. Das ist der Vorwurf, unfair oder ungerecht zu sein, einer der schwersten Vorwürfe, den man gegen Lehrkräfte erheben kann. Das trifft sie am härtesten, das will niemand auf sich sitzen lassen. Notfalls könnte man als Lehrkraft mit dem Vorwurf leben, Schwierigkeiten mit dem Computer zu haben, wochenlang den gleichen Pullover zu tragen oder regelmäßig bei Aldi einzukaufen. Aber der Vorwurf, Schüler ungerecht zu behandeln, geht gar nicht. Und wenn der Kollege bei den meisten Mitschülern nur oberflächlich kontrolliert, bei Jerome und einigen anderen aber gründlicher, dann liegt in Jeromes Augen ein so schwerer Verstoß gegen die Gleichbehandlung vor, dass nach dem vehementen Protest, sollte er denn erfolglos bleiben, nur noch der Gang vor das BVerfG bleibt. Diese Ansicht werden wir gleich genauer analysieren, um geeignet darauf zu reagieren.

Die Gegenreaktion

Behandeln auch Sie, wie im obigen Fall geschildert, Schüler manchmal unterschiedlich? Keine Sorge, das ist nicht nur zulässig, sondern sogar geboten. Schüler (und Eltern) unterliegen nämlich einem großen Missverständnis, wenn sie glauben, Gerechtigkeit würde darin bestehen, alle und alles über einen Kamm zu scheren. Dies fordern sie im Übrigen nur, wenn sie davon profitieren, also immer dann, wenn sie Minderleistungen erbringen. Sollte Jerome z. B. freiwillig mehr gemacht haben, als von der Lehrkraft gefordert, würde er natürlich eine abgestufte Bewertung zu seinen Gunsten einfordern. Bevor es gleich darum geht, was Sie wirksam entgegnen können, sollte folglich klar sein:

> **Absolute Gerechtigkeit gibt es erst im Jenseits,
> die Schule kann nur relative Gerechtigkeit liefern.**

Allerdings ist das gar nicht so wenig, denn dadurch können Sie auf individuelle Unterschiede der Schüler eingehen. Und wenn Sie, wie der Kollege Sielje, bei nachlässigen Schülern sorgfältiger kontrollieren, dann ist das *sachlich* begründet und liegt nicht an der Person des Schülers. Denn sobald Jerome seine Hausaufgaben ebenfalls sorgfältig macht, werden Sie vermutlich auch bei ihm nur noch einen schnellen Blick darauf werfen. Deshalb könnte Ihre Entgegnung lauten:

Schüler: Sie sind unfair! Bei den anderen schauen Sie kaum hin, nur bei mir gucken Sie immer ganz gründlich nach!
Lehrkraft: Ja, das stimmt. Aber es ist nicht unfair, sondern hängt mit der Qualität deiner Hausaufgaben zusammen. Zeig mir beim nächsten Mal eine fast fehlerfreie, und ich werde danach die Kontrolle lockern. So einfach ist das.

2 Mit Alexander kann ich nicht arbeiten!

Die Situation
Am Dienstag möchte Anna Nass mit ihrer Klasse wieder einmal in Partnerarbeit ein Thema erarbeiten lassen, diesmal allerdings etwas anders organisiert. Sonst hatte sie die Schüler selbst entscheiden

lassen, mit wem sie zusammenarbeiten wollen, was jedoch dazu führte, dass ein gängiges Sprichwort problematische Realität wurde. Denn gemäß dem Satz »Gleich und gleich gesellt sich gern« taten sich nicht nur die Braven und Fleißigen zusammen, sondern eben auch die nicht so Braven und Fleißigen. Deren Ergebnisse tendierten, man muss es leider sagen, regelmäßig gegen Null.

Aus diesem Grund setzt die Kollegin heute die Zweiergruppen nach einem Zufallsverfahren zusammen. Da Jeromes Karma in letzter Zeit ausgesprochen schlecht ist, trifft ihn das Schicksal, ausgerechnet den braven Alexander als Partner zugeteilt zu bekommen, ein Ergebnis, das ihm gar nicht behagt und gegen das er vorgeht:

Schüler: Frau Nass, Frau Nass!
Lehrkraft: Ja Jerome, was ist denn?
Schüler: Das geht so nicht!
Lehrkraft: Was soll nicht gehen?
Schüler: Das mit Alex. Ich soll neben dem sitzen.
Lehrkraft: Und wo ist das Problem?
Schüler: Mit Alexander kann ich nicht arbeiten.
Lehrkraft: Na gut, mit wem kannst du denn arbeiten?

Was sagen Sie dazu? Sind Sie einverstanden mit dem Entgegenkommen der Kollegin? Ich hoffe nicht. Denn selbst ohne Glaskugel können wir mit ziemlicher Sicherheit voraussagen, mit wem Jerome – nach seiner Aussage – wohl nur arbeiten kann. Es wird vermutlich Sascha-Pascal sein.

Die Absicht

Jerome geht es darum, die durchaus sinnvolle Entscheidung der Kollegin wieder rückgängig zu machen. Dahinter verbirgt sich folgende Argumentationsstrategie: Wenn ich als Schüler schon arbeiten soll, dann bestimmt nicht unter unzumutbaren Arbeitsbedingungen, sondern nur unter optimalen Voraussetzungen. Und was zumutbar bzw. optimal ist, kann nur ich selbst entscheiden.

Für den Fall, dass die Arbeitsbedingungen nicht den individuellen Wünschen angepasst werden, steht als unausgesprochene Drohung eine Arbeitsverweigerung im Raum oder die Prognose, unter diesen Bedingungen beim besten Willen keine brauchbaren Ergebnisse liefern zu können. Wollte man es hart formulieren, und bei dieser Gruppe von Schülern scheint das vertretbar, könnte man das Vorgehen als Nötigung bezeichnen, allerdings recht raffiniert verpackt.

Die Gegenreaktion

Jeder darf natürlich dem Wunsch des indirekt drohenden Schülers nachgeben, sofern er glaubt, dadurch etwas zu gewinnen. Aber es ist doch nicht so, dass mit der Trennung von Jerome und Sascha-Pascal ein »Dreamteam« auseinandergerissen würde, das bislang spitzenmäßige Ergebnisse lieferte. Die beiden haben bisher in der Gruppe nicht gearbeitet und drohen jetzt damit, wieder nichts zu tun.

Wenn Sie also bei Ihrer (durchdachten) Entscheidung bleiben, sieht der schlimmste Fall so aus, dass es wieder keine überzeugenden Ergebnisse von Jerome gibt. Vielleicht entwickelt es sich aber auch anders: Jerome lässt sich nach einer Phase der Unzufriedenheit von Alexander mitziehen und leistet in der Partnerarbeit doch etwas. Denn diese pädagogisch berechtigte Überlegung bewegt Sie ja vermutlich dazu, die Schüler gelegentlich zu mischen. Wie intensiv und wie lange Jerome sich gegen Ihre Entscheidung sträubt, hängt von Ihrer ersten Reaktion ab. Denn es gilt die weise Erkenntnis von Dürrenmatt, der (mit etwas anderen Worten) feststellt:

Alles Unvermeidbare wird irgendwann akzeptiert.

Und es kommt noch besser: Je unvermeidbarer etwas auf Schüler wirkt, desto eher akzeptieren sie es. Wer also mit Jerome eine Diskussion darüber beginnt, mit welchem Mitschüler er sich denn vorstellen könnte, erfolgreich zu arbeiten, der stellt seine vorher getroffene Entscheidung zur Disposition. Wenn Sie jedoch von vornherein klarstellen, dass *Sie* heute die Gruppeneinteilung machen, *an der es keine Änderungen geben wird*, dann schaffen Sie etwas Unvermeidbares und erleichtern sich und dem Schüler das Leben. In einen Dialog gefasst, könnte das so klingen:

Schüler: Mit Alexander kann ich nicht arbeiten.
Lehrkraft: Das akzeptiere ich nicht. Genau wie im späteren Leben müsst ihr in der Lage sein, mit jedem aus eurer Gruppe zusammenzuarbeiten.

 Sie haben mir gar nichts zu sagen!

Die Situation

Aus unerfindlichem Grund hat Peter Sielje das Gefühl, heute könnte es in seiner Klasse wieder einmal Schwierigkeiten geben, denn Jerome und Sascha-Pascal sind schon seit einiger Zeit ziemlich aufmüpfig. Ständig haben sie an seinen Anweisungen etwas auszusetzen und geben Widerworte. Und tatsächlich, so ist es auch heute wieder: Beide widmen sich nicht ihrem Arbeitsauftrag, sondern unterhalten sich angeregt und ziemlich laut miteinander. Da der Kollege sich vorgenommen hat, solche Störungen frühzeitig zu unterbinden, weist er Jerome an, sich an einen Einzeltisch neben seinem Lehrertisch zu setzen, muss sich jedoch anhören:

Schüler: Sie haben mir gar nichts zu sagen!

Die Absicht

Das ist klar formuliert und präzise vorgetragen. Missverständnisse sind ausgeschlossen, ein Vorteil, der bei der Gruppe der »harten Brocken« durchgängig zu finden ist. Ohne um den heißen Brei herumzureden, sagen diese Schüler ungeschminkt, was sie wollen oder nicht wollen. Hier stellt der Schüler ganz offen die Autorität der Lehrkraft infrage, was vermutlich durch Vorgaben des Elternhauses begünstigt wurde. Seine Strategie besteht nicht darin, über Details zu verhandeln, sondern er geht ganz grundsätzlich an die Angelegenheit heran, indem er bestreitet, die Lehrkraft dürfe ihm solche Anweisungen geben. Dabei sind die wichtigsten Merkmale seiner Argumentation: schnell, laut – und falsch.

Wollte man das Ganze psychologisch aufdröseln, könnte man sagen, dass einige Schüler über derartige Machtproben ihr geringes Selbstbewusstsein in ein großes Ego verpacken. Entscheidend für uns ist jedoch der Aspekt, dass die Behauptung des Schülers objektiv falsch ist. Aber wie sagt man ihm das? Am besten ganz direkt.

Die Gegenreaktion

Vielleicht haben Sie es schon gemerkt: In diesem Kapitel, das sich mit Ihren »Gegenspielern« befasst, wird alles etwas knapper. Das hängt vor allem damit zusammen, dass diese Schülergruppe sprachlich eindeutige Entgegnungen braucht, um zu begreifen, wer im Klassenraum das Sagen hat – nämlich Sie als pädagogische Führungskraft. Schließlich umfasst der Bildungsauftrag der Schule nicht nur die Unterrichtung, sondern auch die Erziehung zu sozialverträglichem Verhalten. Damit gilt:

Sobald Schüler den Unterricht oder Mitschüler stören, haben Sie das Recht, steuernd einzugreifen.

Die Maßnahmen, die Ihnen als Profi in dieser Situation geeignet erscheinen, sind nicht zustimmungsbedürftig. Auf jeden Fall nicht vonseiten der Eltern – und schon gar nicht vonseiten der Schüler. Unabhängig von einem dringend notwendigen Gespräch mit dem Elternhaus könnte der Dialog so beendet werden:

Schüler: Sie haben mir gar nichts zu sagen!

Lehrkraft: Doch Jerome, dieses Recht habe ich. Aber darüber diskutiere ich jetzt nicht mit dir. Du setzt dich sofort an den Einzeltisch. Nach dem Unterricht können wir gerne darüber sprechen.

Der wichtigste Tipp besteht darin, in dieser Situation nie eine Diskussion über Ihr schulisches Erziehungsrecht zu führen und die geplante Maßnahme damit bis zum Ende der Diskussion aufzuschieben.

Sie erklären dem Schüler gerne die Sachlage, aber erst *nach dem Unterricht*. Dafür würden Sie als engagierte Lehrkraft sogar noch ein paar Minuten länger in der Schule bleiben. Allerdings sagt uns der Blick in die Glaskugel, dass dem Schüler die Angelegenheit vermutlich nicht so wichtig sein wird, um für ihre Klärung länger in der Schule zu bleiben.

 Sie haben meine Arbeit verbummelt!

Die Situation

Die Kollegin Nass möchte sich wieder einmal das Wochenende versüßen, indem sie sich die Zeitungsberichte anschaut, die heute (Freitag) abgegeben werden sollen. Weil ihr andere Dinge dringender erscheinen, kommt sie erst kurz vor Schluss der Stunde zu den Berichten – ein verhängnisvoller Fehler. Kreuz und quer geht sie durch die Klasse und sammelt die Zettel ein, parallel dazu legen einige Schüler ihre Berichte auf den Lehrertisch. Es klingelt, die Kollegin schnappt sich den Stapel und hastet in ihren nächsten Unterricht. Als sie am Wochenende die abgegebenen Arbeiten kontrolliert, bemerkt sie, dass Sascha-Pascals Bericht nicht dabei ist. Und so entwickelt sich am Montag genau dieser Dialog:

Lehrkraft: Sascha, du hast Freitag vergessen, deinen Bericht abzugeben.
Schüler: Doch hab' ich abgegeben. Schauen Sie doch mal gründlich nach.

Lehrkraft: Sascha, das habe ich getan. Von allen anderen habe ich die Berichte bekommen, nur deiner ist nicht dabei.
Schüler: Das heißt, Sie haben nur meine Arbeit verbummelt?
Lehrkraft: Nein, du hast den Bericht gar nicht abgegeben.
Schüler: Jerome, du hast doch gesehen, wie ich den Bericht auf ihren Tisch gelegt habe, oder?
Zweiter Schüler: Klar Mann, ich hab meinen ja genau auf deinen gelegt.

Tja, so kann es leider laufen, wenn man als Lehrkraft nicht aufpasst.

Die Absicht

Anders als bei der »normalen« Ausrede (Seite 145) besteht die Strategie jetzt darin, in die Offensive zu gehen und der Lehrkraft die Schuld zu geben. Allerdings darf man als praxiserfahrene und kritische Lehrkraft unterstellen: Nicht die gewissenhafte Anna Nass hat den Bericht verbummelt, sondern der Schüler hat ihn nicht abgegeben, vermutlich weil er ihn gar nicht gemacht hat. Diese deutlich härtere Variante der Ausrede, der Gegenangriff, wird dadurch begünstigt, dass die Kollegin einen schweren Fehler macht. Während gute und angepasste Schüler dies nur belustigt zur Kenntnis nehmen, wittern die harten Brocken hier ihre Chance und nutzen sie gnadenlos aus. So ist halt das Leben: Wer Fehler macht, muss dafür bezahlen.

Die Gegenreaktion

Nachdem, wie in unserem Beispiel, das Kind bereits in den Brunnen gefallen ist, gibt es nur wenig, was man als Lehrkraft tun kann, um die Situation noch zu retten. Deshalb ist für solche Fälle die Prävention der Schlüssel zum Erfolg, und der besteht in sorgfältiger Buchführung. Wer die Abgabe der Arbeiten nicht systematisch (am besten alphabetisch!) noch *in der Stunde* kontrolliert, der darf sich nicht wundern, wenn gewitzte Schüler dies schamlos ausnutzen.

> **Für die Abgabe von Terminarbeiten gilt:**
> **Die Vollzähligkeit wird ganz in Ruhe in der jeweiligen Stunde kontrolliert.**

Sie sollten also in vergleichbaren Situationen ausreichend Zeit für das Einsammeln einplanen, weil einige Schüler erst längere Zeit suchen müssen, bevor sie dann erstaunt feststellen, die Arbeit »vergessen« zu haben. Außerdem wird die Frage »Wer hat seinen Bericht noch nicht abgegeben?« leicht und gerne überhört. Daher ist eine Kontrolle anhand der Namensliste unverzichtbar.

Mit diesen beiden Maßnahmen hätte die Kollegin die dreiste Schuldzuweisung verhindern können. Hat sie aber nicht. Deshalb geht es jetzt darum, die Situation zumindest einigermaßen zu retten, denn theoretisch könnten noch weitere Schüler »bezeugen«, dass Sascha seinen Bericht abgegeben hat. Was bleibt also?

Lehrkraft: Nein, du hast den Bericht gar nicht abgegeben.
Schüler: Jerome, du hast doch gesehen, wie ich den Bericht auf ihren Tisch gelegt habe, oder?
Zweiter Schüler: Klar Mann, ich hab meinen ja genau auf deinen gelegt.
Lehrkraft: Ok Sascha, ich glaube dir – für dieses Mal. Du druckst deinen Bericht bitte noch einmal aus und gibst ihn mir in der nächsten Stunde. Und bei der nächsten Arbeit werde ich darauf achten, dass sich so etwas nicht wiederholt.

Mehr ist in dieser Situation leider nicht herauszuholen. Aber die Schüler wissen jetzt, dass Sie beim nächsten Mal professionell vorgehen und die Abgabe gleich in der Stunde sorgfältig kontrollieren werden.

5 Das mach' ich nicht!

Die Situation

Wie so oft am Montag sind die Schüler des Kollegen Sielje zuerst träge, dann aber ziemlich aufgekratzt. Die Aktivitäten beziehen sich allerdings nicht auf den Unterricht, in dem gerade eine Kurzgeschichte besprochen wird, sondern die Schüler erzählen sich ausführlich, womit sie sich am Wochenende die Zeit vertrieben haben. Die mehrfachen Ermahnungen des Kollegen bringen kein befriedigendes Resultat, stattdessen wird die Unruhe immer größer. Schließlich zieht der Kollege die Reißleine und verkündet, dass er jetzt das Unterrichtsgespräch abbricht. Die Schüler sollen ihr Buch herausnehmen und dort auf Seite 91 die Merkmale der Kurzgeschichte abschreiben. Das bleibt nicht unwidersprochen, denn Jerome ruft in den Raum:

Schüler: Das mach' ich nicht!

Der Kollege ist ob dieses plötzlichen und direkten Widerstandes ziemlich verblüfft und überlegt fieberhaft, was er denn entgegnen könnte.

Die Absicht

Die Schüler kommen nicht als unbeschriebenes Blatt in die Schule, sondern haben im Elternhaus bereits wichtige Erfahrungen gesammelt. Und eine Erfahrung haben sie immer wieder gemacht: Erwachsene zeichnen sich dadurch aus, dass sie – bei entsprechendem Widerstand – auf angekündigte belastende Maßnahmen letztendlich doch wieder verzichten. Die übliche Strategie besteht folglich darin, der Weisung der Lehrkraft etwas entgegenzusetzen. Während die »Tester« hierbei mit abgestuftem Widerstand vorgehen, machen die Schüler dieser Gruppe gleich Nägeln mit Köpfen und sparen damit beiden Seiten wertvolle Zeit.

Manchmal werden für die Arbeitsverweigerung mehr oder weniger schlüssige Begründungen geliefert, aber manchmal hat man einfach keine Lust, den Arbeitsauftrag zu erfüllen.

Die Gegenreaktion

Wie begegnet man nun einer solchen Arbeitsverweigerung? Sie dürfen natürlich versuchen, den Schüler pädagogisch einfühlsam davon zu überzeugen, dass es doch letztlich in seinem Sinne sei, die Merkmale aus dem Buch abzuschreiben und auf diese Weise zu lernen. Allerdings bezweifele ich, dass dieses Vorgehen bei einem Schüler wie Jerome von Erfolg gekrönt sein wird. Sie könnten auch persönliche Betroffenheit darüber äußern, dass der Schüler Ihre Autorität offensichtlich nicht anerkennt. All das – und noch viel mehr – können Sie versuchen. Und ich drücke Ihnen die Daumen, dass es funktioniert.

Falls Sie jedoch mit diesen »weichen« Methoden schon einmal gescheitert sind, kommt vielleicht auch die direkte Variante in Betracht. Schließlich handelt es sich bei dem Verhalten des Schülers um eine Leistungsverweigerung, und die darf selbst heute noch mit einer Sechs bewertet werden. Allerdings bringt es wenig, diese Botschaft mit Schaum vorm Mund dem Schüler entgegenzuschleudern.

> **Tragen Sie die Konsequenzen ganz gelassen vor und geben Sie dem Schüler Zeit, seine Entscheidung zu überdenken.**

Deutlich wirksamer ist es, ihm die Konsequenz seines Handelns ganz gelassen mitzuteilen, vielleicht so:

Schüler: Das mach' ich nicht!
Lehrkraft: Jerome, das ist natürlich deine Entscheidung. Du bist ein großer Junge und entscheidest, ob du meine Anweisung befolgst. Aber du trägst auch die Verantwortung für deine Entscheidung, schließlich bist du kein Kind mehr. Falls du meinen Arbeitsauftrag nicht erfüllst, ist das eine klare Leistungsverweigerung. Und dafür gibt es eine Sechs. Also, deine Entscheidung!

Mehr sollten Sie dazu gar nicht sagen. Führen Sie keine ausgiebige Diskussion über Sinn (oder Unsinn) Ihres Arbeitsauftrages. Drehen Sie sich um, gehen Sie wieder zu Ihrem Platz und beachten Sie den Schüler nicht weiter, das ist ganz wichtig.

Geben Sie ihm Zeit, damit das Gesagte wirken und er seine Entscheidung überdenken kann. Das Erstaunliche an dieser Gegenmaßnahme: Sie wirkt. Nach einer Schamfrist von etwa zwei Minuten, die notwendig ist, um das Gesicht zu wahren, wird Jerome im Regelfall sein Buch aufschlagen und anfangen zu schreiben.

6   Sie blödes Arschloch!

Die Situation

Es ist Dienstag, der letzte Tag dieses Buches, und Anna Nass, unsere sympathische Kollegin, ahnt wieder einmal nicht, was ihr gleich widerfahren wird. Deswegen geht sie gut gelaunt in die Klasse und führt dort ihren Unterricht durch. Aber Chantal ist heute auf Krawall gebürstet. Ständig hat sie irgendetwas auszusetzen, macht schnippische Bemerkungen oder zeigt auf Anna und lacht hinterher hämisch. Nachdem die Kollegin dieses Verhalten eine Zeitlang ignoriert hat, weil sie glaubte, es würde sich legen, stellt sie fest, dass Chantal immer lauter und dreister wird. So entschließt sie sich, diesem störenden Verhalten entgegenzutreten:

Lehrkraft: Chantal, wenn du nicht augenblicklich deine Zwischenrufe einstellst, fliegst du raus.
Schülerin: Wenn Sie glauben, das beeindruckt mich, dann träumen Sie mal weiter.
Lehrkraft: Chantal! Letzte Warnung! Beim nächsten Verstoß gehst du raus!
Schülerin: Fahren Sie doch zu Hölle, Sie blödes Arschloch!
Lehrkraft: Nimm das sofort zurück und entschuldige dich!
Schülerin: Wieso denn das? Sie sind doch ein blödes Arschloch!

Aus Gründen der sprachlichen Diskretion habe ich ein Beispiel mittlerer Härte gewählt. Wer jedoch als Lehrkraft in einer Großstadt, vielleicht sogar an einer Brennpunktschule tätig ist, der kennt noch ganz andere Beleidigungen.

Die Absicht

Die bisherigen Äußerungen der »harten Brocken« waren zwar auch schon direkt gegen die Lehrkraft und ihre Autorität gerichtet, das Beispiel dieses Falls besitzt jedoch eine andere Qualität. Denn jetzt wird es persönlich, es wird unter die Gürtellinie geschlagen. Die Strategie dient folglich nicht mehr dem bekannten Zweck der Arbeitserleichterung, der Arbeitsvermeidung oder der Notenverbesserung, sondern hier soll die Lehrkraft ganz bewusst verletzt werden.

Dies kann geschehen (schlichte Variante), um die Lehrkraft öffentlich herabzusetzen oder (raffinierte Variante) um sie zu provozieren. Sie soll dazu gebracht werden, ebenfalls ausfallend zu reagieren, damit man ihr aus diesem unprofessionellen Verhalten vor Eltern und Schulleitung einen Strick drehen kann.

Die zweite Methode wird gerne und durchaus erfolgreich angewandt, um unbeliebte Lehrkräfte loszuwerden. Denn schließlich wird bei wechselseitigen Beleidigungen mit zweierlei Maß gemessen: Die Beleidigung durch Schüler wird als verzeihlicher jugendlicher Verstoß gesehen, der meist durch eine Entschuldigung (mit einer Prise geheuchelter Reue) ausgeglichen wird. Bei Lehrkräften sieht es ganz anders aus. Da es sich bei ihnen um pädagogisch ausgebildete Erwachsene handelt, wiegt eine Beleidigung deutlich schwerer und wird ihren Weg in die Personalakte finden.

Die Gegenreaktion

Was können Sie also erwidern, falls man Sie beleidigt? Zunächst ist es wichtig, nicht in eine eventuell aufgestellte Falle zu tappen und in gleicher oder stärkerer Weise beleidigend zurückzuschlagen.

Reagieren Sie professionell, das heißt, sehr bestimmt, aber auch sehr ruhig!

Das ist natürlich viel leichter geschrieben, als in einer solchen Situation getan. Aber wenn Sie ruhig bleiben, nehmen Sie der Beleidigung damit schon die Spitze. Damit wir uns nicht missverstehen: Sie sollen die Beleidigung nicht ungestraft durchgehen lassen, vielmehr geht es darum, Ihre Position zu stärken und die solcher aggressiven Schüler zu schwächen.

Deshalb bieten Sie dem Schüler die Gelegenheit, die Beleidigung als einmaligen Ausrutscher einzustufen. Dafür müsste er, wie gefordert, die Beleidigung auf der Stelle zurücknehmen und sich dafür entschuldigen. Nun liegt der Ball wieder bei ihm. Wiederholt er – trotz Ihrer sinnbildlich ausgestreckten Hand – seine Beleidigung, dann kann er sich nicht mehr mit einem affektiven »Ausrutscher« herausreden, sondern muss sich eine gezielte Beleidigung vorhalten lassen.

Lehrkraft: Nimm das sofort zurück und entschuldige dich!
Schüler: Wieso denn das? Sie sind doch ein blödes Arschloch!
Lehrkraft: Überleg noch mal! Du bleibst bei dieser Äußerung?
Schüler: Ja. Arschloch, Arschloch, blödes Arschloch.
Lehrkraft: Ich habe versucht, dir eine Brücke zu bauen, aber du hast dich geweigert, die Beleidigung zurückzunehmen. Das wird Konsequenzen haben.

Sagen Sie *nicht*, welche konkrete Konsequenz Sie anstreben. Das ist viel wirkungsvoller. Erstens lassen Sie den Schüler dadurch »schmoren«, zweitens können Sie sich in Ruhe überlegen, welche Maßnahmen Sie anstreben, und drittens müssen Sie ja mit Ihrer Schulleitung klären, wie weit Sie auf deren Unterstützung hoffen können.

Allerdings hat die Schulleitung Ihnen gegenüber eine Fürsorgepflicht und darf nicht zulassen, dass Sie öffentlich beleidigt werden. Auch gibt es auf Ihrer Gehaltsmitteilung vermutlich keine Rubrik mit dem Titel »Beleidigungszuschlag«. Das sind zwei weitere gute Gründe, derartige Beleidigungen nicht einfach hinzunehmen.

Zu guter Letzt

Zusammenfassung

An dieser Stelle finden Sie noch einmal die wichtigsten Grundsätze für den Umgang mit schwierigen Schülern:

Die Informierten
- Falls Schüler in Ihrem Unterricht dazwischenrufen, sollten Sie den Zwischenruf ignorieren oder diese Schüler erst als Letzte drannehmen.
- Wer öffentlich Ihre im Unterricht gegebenen Informationen als falsch bezeichnet, muss dafür später den Beweis antreten.
- Machen Sie »Schnellarbeitern« klar: Das Ziel ist bei Ihnen nicht, möglichst schnell fertig zu werden, sondern so sorgfältig wie möglich zu arbeiten.
- Klar vorgegebene Anforderungen dürfen nicht einfach von den Schülern verändert werden, auch nicht aus Gründen des persönlichen Geschmacks.

Die Ausredner
- Die Schüler sind nicht nur für die Anfertigung einer Aufgabe verantwortlich, sondern auch dafür, dass diese Ihnen termingerecht vorliegt.
- Für zu spät kommende Schüler sollten Sie Ihren wertvollen Unterricht nicht unterbrechen. Beachten Sie den Schüler nicht weiter, sondern schicken Sie ihn wortlos an seinen Platz und lassen Sie ihn dort das Formular für Zuspätkommer ausfüllen.
- Schüler, die behaupten, eine Hausaufgabe sei nicht lösbar gewesen, müssen stattdessen eine ebenso arbeitsintensive Ersatzleistung erbringen.

- Wenn Schüler behaupten, etwas gehe nicht, sollten Sie ihnen nicht die Arbeit abnehmen, nur um zu zeigen, dass es doch machbar ist.
- Mit »Spaß« kann man nur wirksam etwas entschuldigen, wenn auch die andere Seite und vor allem die Lehrkraft dies so einschätzen.
- Da Schüler fast durchgängig beaufsichtigt werden, sind Notwehrsituationen, in denen Schüler sich gegen Mitschüler handgreiflich wehren müssen, so gut wie ausgeschlossen.

Die Tester
- Auf die Standardfrage der Schüler, ob man nicht etwas Angenehmeres machen könnte, sollte Ihre Standardantwort lauten: »Natürlich nicht!«
- Werden Sie zum steten Tropfen, der den Stein aushöhlt, wenn Schüler immer wieder fragen, ob ihre Arbeit nun endlich gut sei.
- Regeln sind da, um eingehalten zu werden. Wenn andere Kollegen sich nicht daran halten, so ist das deren Problem, nicht Ihres.
- Selbst für die Woche vor den Ferien gilt: Irgendwann beginnt das richtige Leben. Und da wird bis zum letzten Moment konzentriert gearbeitet.

Die harten Brocken
- Dem Vorwurf, ungerecht zu sein, kann man entgegenhalten: Absolute Gerechtigkeit gibt es erst im Jenseits, die Schule kann nur relative Gerechtigkeit liefern.
- Alles Unvermeidbare wird irgendwann akzeptiert. Deshalb sollten Sie Ihre Entscheidungen eindeutig als unumkehrbar darstellen.
- Sie dürfen Schülern sagen, was sie zu tun oder zu lassen haben. Das gilt besonders dann, wenn sie den Unterricht oder Mitschüler stören.
- Für Terminarbeiten ist wichtig: Die Vollzähligkeit wird ganz in Ruhe in der jeweiligen Stunde kontrolliert – und nicht erst zu Hause.
- Falls Schüler die Arbeit verweigern: Tragen Sie die Konsequenzen gelassen vor und geben Sie dem Schüler Zeit, seine Entscheidung zu überdenken.

▶ Reagieren Sie bei Beleidigungen professionell, das heißt sehr bestimmt, aber auch sehr ruhig und gelassen.

Wenn nichts mehr hilft ...

Es wäre unfair, Ihnen vorzumachen, die vorgestellten Maßnahmen besäßen eine Erfolgsgarantie. Nein, leider nicht. Die vorgeschlagenen Gegenstrategien wirken zwar bei 97 Prozent der Schüler, aber eben nicht immer. Warum gerade 97 Prozent? Ganz einfach, weil es auch unter den Schülern 3 Prozent Unbelehrbare gibt. Ja, es gibt (statistisch nachgewiesen!) 3 Prozent Querulanten, Beratungsresistente, hoffnungslose Fälle. Bei den vielen Schülern, die Sie unterrichten, sind auch Sie (rein statistisch) irgendwann einmal dran, einen (oder mehrere) von denen zu erwischen. Das ist aber nicht Ihr Fehler, sondern angewandte Wahrscheinlichkeitsrechnung.

Was also können Sie tun, wenn Sie zwar alles richtig gemacht, aber trotzdem keine Wirkung erzielt haben? Nicht die schlechteste Maßnahme ist es, sich mit Freunden bei einem gemütlichen Essen zu treffen und eine gute Flasche Wein zu leeren. Es geht nicht darum, sich zu betrinken, sondern gelassen zu werden. Dann lässt sich auch ertragen, dass es Schüler gibt, deren negative Einstellung zur Schule wir mit unseren bescheidenen Möglichkeiten nicht ändern können. Egal, um welchen Schülertyp es sich auch handeln mag, ein kleiner Prozentsatz ist einfach nicht zu erreichen.

Falls Ihnen dieser Text bekannt vorkommt, haben Sie nicht nur den ersten Teil bis zum Ende gelesen, sondern auch ein gutes Gedächtnis. Ja, dieser Text ist fast identisch mit dem, was sich über schwierige Eltern sagen lässt. Allerdings ist das weitere Vorgehen bei Schülern ein anderes als bei Eltern, mit denen Sie sich nicht einigen können. Eltern sind zwar pädagogische Laien, stehen aber als Erwachsene formal mit Ihnen auf einer Stufe und müssen keine Weisungen von Ihnen entgegennehmen.

Bei Schülern sieht das ganz anders aus, denn hier sind Sie weisungsbefugt. Falls also ein problematischer Schüler Ihre Anordnungen nicht befolgt, so können Sie nicht nur eine erzieherische Maßnahme gegen ihn verhängen, sondern auch seine Eltern zu einem ernsten Gespräch einbestellen. Schließlich lassen so starke Widerstände gegen die Schule auf gravierende Erziehungsdefizite im Elternhaus schließen, womit wir wieder beim ersten Teil des Buches wären.

Es wäre wünschenswert, wenn die öffentliche Diskussion über Schwierigkeiten in der Schule sich weniger auf die (ach so schlechten!) Lehrkräfte, sondern etwas mehr auf die mangelnde Rückendeckung durch die Eltern konzentrierte. Denn von einer größeren Unterstützung würden vor allem ihre Kinder, unsere Schüler, profitieren.

In diesem Sinne,
Ihr Günther Hoegg

Anhang:
Formular für Zuspätkommer

Zuspätkommer	
Name:	Datum:
Offizieller Unterrichtsbeginn:	Uhr
Eintreffen im Raum:	Uhr
Deine Verspätung beträgt also:	Minuten
Bist du in diesem Halbjahr schon einmal zu spät gekommen? Falls ja, wie lange ist das ungefähr her?	☐ Ja ☐ Nein
Warum bist du zu spät gekommen? Antworte in ganzen Sätzen!	
Wer trägt die Schuld an deinem Zuspätkommen?	
Was wirst du tun, um in Zukunft ein Zuspätkommen zu vermeiden? Antworte in ganzen Sätzen!	
Unterschreibe rechts →